9

Startklar!

Wirtschaft und Beruf

Erarbeitet von
Kirsten Fricke, Teublitz; Ralf Kassirra, Tuntenhausen; Silke Schrauth, Bergrheinfeld; Stefanie Theiss, Schwanfeld

Beratung: Simone Fleischmann, Zorneding

Cornelsen

Kapitel 1

Wir bereiten uns auf die Projektprüfung vor

Kapitel 2

Arbeitswelt im Wandel

Kapitel 3

Auf dem Weg in die Ausbildung

Kapitel 4

Worauf muss ich in der Ausbildung achten?

INHALT

Kapitel 5

Mit Geld umgehen

Kapitel 6

Arbeit und Wirtschaft

M Seiten und Aufgaben für M-Klassen
An den Würfeln neben den Aufgaben kannst du erkennen, wie schwierig eine Aufgabe ist: Bei Aufgaben mit ⚀ genügt es, wenn du dich erinnerst oder Informationen suchst. Bei Aufgaben mit ⚁ musst du selbst überlegen, um sie zu bearbeiten. Bei ⚂ werden neue Ideen von dir erwartet. Umso mehr Augen ein Würfel hat, desto mehr Zeit musst du für die Aufgaben einplanen.

KAPITEL 1

Wir bereiten uns auf die Projektprüfung vor

In den letzten Schuljahren hast du schon mehrere Projekte durchgeführt. Einige Aufgaben dieser Projekte hast du alleine erledigt, andere habt ihr in der Gruppe gemeinsam gemeistert.

1. *Beschreibe, welche Projekte du bereits durchgeführt hast.*
2. *Wie lief das Projekt ab? Vergleiche mit den Schülerinnen und Schülern auf dem Foto.*
3. *Was hat dir daran besonders gefallen?*
4. *a Wo gab es Probleme?*
   b Woran sollte man denken, damit beim nächsten Mal keine Schwierigkeiten auftreten?

Informationen zur Projektprüfung

In Regelklassen der Mittelschule findet in der 9. Klasse die Projektprüfung statt (siehe **M1**). Diese findet fächerübergreifend in deinem gewählten berufsorientierenden Fach Ernährung und Soziales, Wirtschaft und Kommunikation oder Technik und in Wirtschaft und Beruf statt. Diese Projektprüfung ist sehr wichtig, da sie Bestandteil der Abschlüsse ist.

Mit der Projektprüfung kannst du zeigen, was du im Fach Wirtschaft und Beruf und deinem berufsorientierenden Fach in den letzten Jahren gelernt hast. Die Aufgabenstellung beinhaltet praktische Leistungen für beide Fächer. Im Fach Wirtschaft und Beruf ist dies meist eine Präsentation, im berufsorientierenden Fach ein zu planendes und zu erstellendes Produkt. Die Projektprüfung findet in der Regel als Gruppenprüfung statt. Bewertet wird aber die Leistung jedes einzelnen Prüflings für sich.

M1 Auf dem Weg zur Projektprüfung

Die Projektprüfung erstreckt sich über mehrere Tage. Zu Beginn der Prüfung bekommst du einen Leittext, der die Aufgabenstellung enthält und dir Hinweise zur Ausarbeitung gibt. Er gibt auch an, welcher Prüfungsteil wann erledigt werden muss. Diesen Leittext musst du deshalb sehr gründlich durchlesen. Neben schriftlichen Aufgaben und der Ausarbeitung einer Präsentation, musst du auch eine praktische Arbeit für dein berufsorientierendes Fach (Durchführung) leisten. Am besten markierst du dir alle wichtigen Informationen, damit du nichts vergisst. In der Gruppe besprecht ihr euch, wer welche Aufgaben übernimmt. Ein Zeit- und Organisationsplan hilft dir, deine Zeit richtig einzuteilen und deine Aufgaben zu strukturieren. Vermerke darauf auch, wer welche Aufgaben übernimmt.

Diese Projektprüfung musst du mit deiner Gruppe alleine, ohne die Anleitung und Hilfe deiner Lehrkräfte, organisieren und durchführen. Damit ihr offene Fragen klären könnt, gibt es Schalterstunden. Zu diesen festen Terminen könnt ihr mit eurer Gruppe den beiden zuständigen Lehrkräften alle Fragen stellen und eure Fortschritte zeigen.

Am letzten Prüfungstag musst du eine Projektmappe abgeben, die deine ganze Prüfung dokumentiert und reflektiert. Dein Leittext zeigt dir, welche Inhalte in deiner Projektmappe enthalten sein müssen. Am Ende der Projektprüfung (siehe **M3**) werden alle erbrachten Leistungen jedes Gruppenmitglieds einzeln bewertet. Aus deinen Leistungen ermitteln die zuständigen Lehrkräfte deine Prüfungsnote.

M2 Die Projektmappe

Projektmappe	Wichtige Gestaltungstipps
▪ Deckblatt ▪ Inhaltsverzeichnis ▪ Leittext ▪ Zeit- und Organisationsplan ▪ Ablaufplan für Durchführung ▪ Arbeitsberichte ▪ Inhalte Wirtschaft und Beruf (WiB) ▪ Inhalte berufsorientierende Fächer (BoZ) ▪ Reflexion ▪ Anhang	▪ Achte darauf, dass alle Seiten mit einer einheitlich gestalteten Überschrift (wie im Inhaltsverzeichnis angegeben) versehen und einheitlich und fortlaufend durchnummeriert sind. ▪ Die Reihenfolge für die Projektmappe (und das Inhaltsverzeichnis) gibt der Leittext vor. ▪ Auch Rechtschreibung, Grammatik und saubere Darstellung werden bewertet. ▪ Achte auf ein einheitliches Layout (Schrift, Farben, Seitenaufteilung und -gestaltung).

M3 Bestandteile der Projektprüfung

Leittext	Schalterstunden	Präsentation
Durchführung	Reflexion	Projektmappe

1 **a** Befragt eure Lehrkräfte, wie die Projektprüfung bei euch genau abläuft. Vergleicht mit dem Text auf dieser Seite und erstellt eine Übersicht über den Ablauf an eurer Schule.

b Welche praktischen Arbeiten müsst ihr für die Projektprüfung anfertigen?

2 Legt eine Vorlage für eure Projektmappe (**M 2**) am PC an. Diese könnt ihr dann auch für eure Prüfung verwenden.

Du hast auf den vorhergehenden Seiten allgemeine Informationen zur Projektprüfung bekommen und dich über den genauen Ablauf der Projektprüfung an deiner Schule informiert. Damit du gut auf diese Prüfungsform vorbereitet bist, sollst du jetzt ein Übungsprojekt praktisch durchführen.

Zu Beginn jedes Projekts steht die Gruppeneinteilung. Eure Lehrkraft für Wirtschaft und Beruf entscheidet, nach welchem Prinzip ihr in Gruppen eingeteilt werdet. Das kann zum Beispiel durch ein Losverfahren entschieden werden oder die Lehrkraft teilt euch ein. Jede Gruppe besteht aus mehreren Schülerinnen und Schülern, die das gleiche berufsorientierende Fach gewählt haben. Als Gruppengröße sind 2er- bis 4er-Teams besonders geeignet.

Schülerinnen und Schüler arbeiten am Leittext

Am ersten Projekttag erhaltet ihr eure Aufgabenstellung, den Leittext. Dieser besteht aus vier Teilen. Jedes Prüfungsprojekt hat ein Projektthema, das für alle drei praktischen Fächer gleich ist. Für unser Übungsprojekt lautet das:

1 Thema: Endlich selbstständig – plane dein Leben nach der Mittelschule

Dieses Thema sagt dir schon einmal grob, um was es bei deinem Projekt gehen wird. Dazu musst du auch das Deckblatt deiner Projektmappe gestalten. Zusätzlich zu diesem Thema gehören auf das Deckblatt noch der Name deiner Schule, das Schuljahr, dein vollständiger Name, deine Klasse, alle Gruppenmitglieder und der Projektzeitraum. Damit dein Deckblatt auch optisch überzeugt, solltest du es mit einem passenden Bild gestalten und ein ansprechendes Layout verwenden.

Für jedes berufsorientierende Fach gibt es im Projekt unterschiedliche Aufgaben und deshalb auch einen unterschiedlichen Leittext. Das sieht man schon im Szenario, dem nächsten Teil des Leittextes, er beschreibt den Anlass, für den du tätig wirst, genauer.

2

Szenario, Teil 1 – für alle

Bald hast du das Schuljahr und damit deine Schullaufbahn an der Mittelschule beendet. Für die meisten Schülerinnen und Schüler bedeutet das, dass sie mit einer Ausbildung anfangen werden. Dies ist ein ganz neuer Lebensabschnitt und er muss gut geplant werden.

3

Szenario, Teil 2 – für Ernährung und Soziales

In der Ausbildung wirst du noch nicht viel Geld verdienen, du bist aber viel länger von zuhause weg als während deiner Schulzeit. Die ungewohnte Arbeit sorgt bestimmt auch dafür, dass du viel Hunger hast. Plane nun schon einmal, welche Mahlzeiten sich gut vorbereiten und mit zur Arbeit nehmen lassen. Wie kannst du die Vorbereitungen dafür mithilfe von technischen Geräten optimieren?

Szenario, Teil 2 – für Technik

In der Ausbildung wirst du viele Dokumente und Unterlagen ordnen und aufbewahren müssen. Du brauchst beispielsweise ein Girokonto und musst deine Verträge und Kontoauszüge abheften. Damit dir nichts verloren geht und alle Dinge gut organisiert sind, bietet sich ein Ordnungssystem für den Schreibtisch an. In diesem kannst du sowohl Papiere aufbewahren als auch deine Utensilien wie Stifte unterbringen. Wie kannst du die Herstellung dieses Ordnungssystems mithilfe von technischen Geräten optimieren?

Szenario, Teil 2 – für Wirtschaft und Kommunikation

In der Ausbildung wirst du viele Dokumente erstellen und Briefe schreiben müssen. Sei es für die Ausbildung selbst oder für dein Privatleben. Zusätzlich müssen eingehende Dokumente sortiert und in ein sinnvolles Ablagesystem einsortiert werden. Das gilt sowohl für Dokumente in Papierform als auch für Dateien. Organisiere dieses Ablagesystem und fertige ein Übersichtsplakat an, das du dir an deinen Schreibtisch hängen kannst. Wie kannst du das digitale Ablagesystem mithilfe von technischen Geräten optimal vor Verlust sichern?

4

Szenario, Teil 3 – für alle

Wenn du nach Hause kommst, musst du viel Zeit an deinem Schreibtisch verbringen. Wie sollte er vor allem in Hinblick auf Ergonomie gestaltet sein und welche technische Ausstattung unterstützt dich bei deiner Arbeit?

Du siehst, dass im Szenario die unterschiedlichen Produkte genannt werden, die für das Projekt verlangt werden. Diese beziehen sich immer auf Unterrichtsinhalte, die in Wirtschaft und Beruf und dem praktischen Fach bereits erarbeitet wurden.

1 Erklärt euch gegenseitig den Projektstart und das Szenario.

2 Finde heraus, welche Produkte in deinem berufsorientierenden Fach gefordert werden.

Achtung: Diese Doppelseite richtet sich an Schülerinnen und Schüler, die *Ernährung und Soziales* gewählt haben. In der Projektprüfung bekommt ihr, je nach gewähltem praktischem Fach, unterschiedliche Leittexte (siehe **M 1**).

M 1 Aufgabenstellung im Leittext

	Zuerst liest jeder den Leittext aufmerksam durch. Markiert alle zu erledigenden Aufgaben und besprecht diese in der Gruppe.
	Dann erstellt ihr gemeinsam einen Zeit- und Organisationsplan.
	Danach sucht jeder drei Rezeptvorschläge für folgende Mahlzeiten aus: Frühstück, Mittagessen, Kaffeepause. Beachtet folgende Kriterien: ▪ Die Mahlzeiten müssen am Vortag zubereitet werden können. ▪ Sie müssen problemlos mit an den Arbeitsplatz genommen werden können. ▪ Das Mittagessen sollte in der Mikrowelle erwärmt werden können. ▪ Die Speisen sollten nicht zu teuer sein.
	Anschließend besprecht ihr euch in der Gruppe und wählt für jedes Gruppenmitglied zwei Rezepte heraus. Achtet auf eine abwechslungsreiche Auswahl. Fertigt einen gemeinsamen Einkaufszettel an, plant und kauft für den Durchführungstag ein. Denkt auch schon über geeignete Aufbewahrungsmethoden nach.
	Welche technische Ausstattung kannst du zur Produktion deiner Rezepte nutzen? Vergleiche und bewerte den Einsatz mit und ohne diese Ausstattung bei der Durchführung. Begründe deine Auswahl für das Projekt. Die Seiten 20/21 helfen dir dabei.
	Informiert euch über die ergonomische Gestaltung von Arbeitsplätzen vor allem in Bezug auf Komfort, Gefallen, Nutzen und Sicherheit. Erstellt eine informative Präsentation dazu. Teilt euch das Thema und die Arbeit gerecht auf. Jeder präsentiert seine erarbeiteten Inhalte selbst.
	Jeder stellt eine Möglichkeit vor, wie seiner Meinung nach ein Schreibtisch ergonomisch ideal gestaltet sein sollte. Fertigt dazu ein übersichtliches und optisch ansprechendes Plakat an.
	Am Durchführungstag, dem – Datum – produziert jeder seine vorbereiteten Rezepte und präsentiert diese mit der passenden Verpackung.
	Am – Datum – stellt ihr eure Präsentation gemeinsam vor. Danach erklärt jeder sein Plakat.
	Jeder reflektiert den Ablauf des Projekts und stellt seine Projektmappe fertig. Diese muss am – Datum –, abgegeben werden.

Nach dem Szenario kommt der eigentliche Aufgabenteil. In der Aufgabenstellung werden alle zu erledigenden Tätigkeiten und zu erstellenden Produkte genauer definiert. Dabei steht, welche Produkte jeder Einzelne von euch erstellen muss und was ihr gemeinsam in der Gruppe erledigen könnt. Wichtig ist auch der zeitliche Rahmen, der hier genauer benannt wird.

Hast du Fragen zur Aufgabenstellung, dann notiere diese gleich auf einem Notizblatt. Während der Schalterstunden könnt ihr offene Fragen mit euren Lehrkräften klären. Nutzt diese Zeit effektiv, damit ihr nicht wegen eines Missverständnisses Punkte verliert. Bringt alle bereits vorhandenen Unterlagen und Notizen mit in die Schalterstunde, damit eure Lehrkraft euch dazu Rückmeldung geben kann. Wichtig ist es, möglichst genau zu planen. Dann vergisst man nichts und kommt nicht in Zeitnot.

Alle zu erstellenden Produkte und Arbeitsschritte findest du ebenso in der Angabe zu den geforderten Inhalten deiner Projektmappe. Jedes Gruppenmitglied erstellt eine Projektmappe mit folgendem Inhalt (siehe **M 2**):

M 2 Inhalt Projektmappe Ernährung und Soziales

- Deckblatt
- Inhaltsverzeichnis
- Leittext mit Erklärung
- Zeit- und Organisationsplan
- herausgesuchte Rezeptvorschläge
- ausgewählte Rezepte
- Einkaufszettel
- Ablaufplan für den Durchführungstag
- Infotext zum Technikeinsatz
- Reflexion der eigenen Arbeit und der Arbeit in der Gruppe
- Anhang mit:
  - ausgedruckter Präsentationsübersicht (4 Folien je Blatt)
  - Quellenangaben

1 **a** Besprecht in Kleingruppen, zu welchem Thema ihr ein Übungsprojekt machen könntet.
b Sammelt eure Ideen im Klassengespräch.
c Sucht euch drei Favoriten heraus.

2 Was könnte in jedem berufsorientierenden Fach (Ernährung und Soziales, Technik, Wirtschaft und Kommunikation) zu diesem Thema hergestellt werden?

3 Von eurer Wirtschaft-und-Beruf-Lehrkraft bekommt ihr einen Leittext. Führt euer Übungsprojekt durch.

Aufgabenteil – *Technik*

Achtung: Diese Doppelseite richtet sich nur an Schülerinnen und Schüler, die *Technik* gewählt haben..

M1 Aufgabenstellung im Leittext

	Zuerst liest jeder den Leittext aufmerksam durch. Markiert alle zu erledigenden Aufgaben und besprecht diese in der Gruppe.
	Dann erstellt ihr gemeinsam einen Zeit- und Organisationsplan.
	Danach sucht jeder drei Vorschläge für ein Ordnungssystem heraus. Zwei davon könnt ihr aus dem Internet recherchieren. Den dritten fertigt ihr selbst als erklärende Skizze an.
	Anschließend besprecht ihr euch in der Gruppe und einigt euch auf einen Vorschlag, den ihr eventuell gemeinsam verbessert. Jeder fertigt ein Dreitafelbild für dieses Ordnungssystem an.
	Fertigt einen gemeinsamen Einkaufszettel an, plant und kauft für den Durchführungstag ein.
	Welche technische Ausstattung kannst du zur Produktion deines Ordnungssystems nutzen? Vergleiche und bewerte den Einsatz mit und ohne diese Ausstattung bei der Durchführung. Begründe deine Auswahl für das Projekt. Die Seiten 20/21 helfen dir dabei.
	Informiert euch über die ergonomische Gestaltung von Arbeitsplätzen vor allem in Bezug auf Komfort, Gefallen, Nutzen und Sicherheit. Erstellt eine informative Präsentation dazu. Teilt euch das Thema und die Arbeit gerecht auf. Jeder präsentiert seine erarbeiteten Inhalte selbst.
	Jeder stellt eine Möglichkeit vor, wie seiner Meinung nach ein Schreibtisch ergonomisch ideal gestaltet sein sollte. Fertigt dazu ein übersichtliches und optisch ansprechendes Plakat an.
	Am Durchführungstag, dem – Datum – produziert jeder sein Ordnungssystem.
	Am – Datum – stellt ihr eure Präsentation gemeinsam vor. Danach erklärt jeder sein Plakat.
	Jeder reflektiert den Ablauf des Projekts und stellt seine Projektmappe fertig. Diese muss am – Datum – abgegeben werden.

Nach dem Szenario kommt der eigentliche Aufgabenteil. In der Aufgabenstellung werden alle zu erledigenden Tätigkeiten und zu erstellenden Produkte genauer definiert. Dabei steht, welche Produkte jeder Einzelne von euch erstellen muss und was ihr gemeinsam in der Gruppe erledigen könnt. Wichtig ist auch der zeitliche Rahmen, der hier genauer benannt wird.

Hast du Fragen zur Aufgabenstellung, dann notiere diese gleich auf einem Notizblatt. Während der Schalterstunden könnt ihr offene Fragen mit euren Lehrkräften klären. Nutzt diese Zeit effektiv, damit ihr nicht wegen eines Missverständnisses Punkte verliert. Bringt alle bereits vorhandenen Unterlagen und Notizen mit in die Schalterstunde, damit eure Lehrkraft euch dazu Rückmeldung geben kann. Wichtig ist es, möglichst genau zu planen. Dann vergisst man nichts und kommt nicht in Zeitnot.

Alle zu erstellenden Produkte und Arbeitsschritte findest du ebenso in der Angabe zu den geforderten Inhalten deiner Projektmappe. Jedes Gruppenmitglied erstellt eine Projektmappe mit folgendem Inhalt (siehe **M 2**):

M 2 Inhalt Projektmappe Technik

- Deckblatt
- Inhaltsverzeichnis
- Leittext mit Erklärung
- Zeit- und Organisationsplan
- recherchierte Vorschläge
- erklärende Skizze
- Dreitafelbild
- Ablaufplan für den Durchführungstag
- Infotext zum Technikeinsatz
- Reflexion der eigenen Arbeit und der Arbeit in der Gruppe
- Anhang mit:
  – Einkaufszettel
  – Quellenangaben
  – ausgedruckte Präsentationsübersicht (4 Folien je Blatt)

1 **a** Besprecht in Kleingruppen, zu welchem Thema ihr ein Übungsprojekt machen könntet.
b Sammelt eure Ideen im Klassengespräch.
c Sucht euch drei Favoriten heraus.

2 Was könnte in jedem berufsorientierenden Fach (Ernährung und Soziales, Technik, Wirtschaft und Kommunikation) zu diesem Thema hergestellt werden?

3 Von eurer Wirtschaft-und-Beruf-Lehrkraft bekommt ihr einen Leittext. Führt euer Übungsprojekt durch.

Aufgabenteil – *Wirtschaft und Kommunikation*

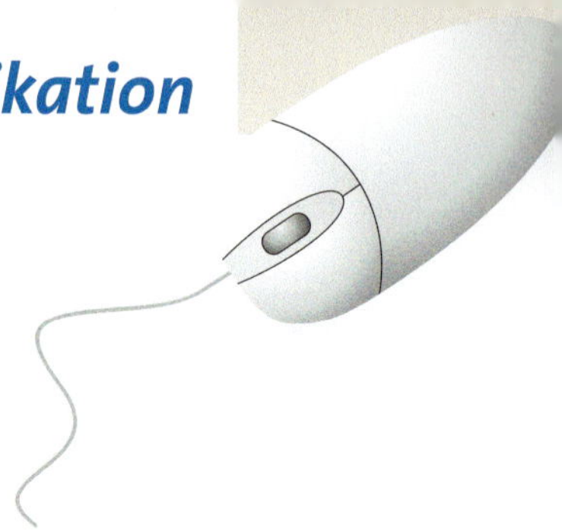

Achtung: Diese Doppelseite richtet sich nur an Schülerinnen und Schüler, die *Wirtschaft und Kommunikation* gewählt haben.

M 1 Aufgabenstellung im Leittext

	Zuerst liest jeder den Leittext aufmerksam durch. Markiert alle zu erledigenden Aufgaben und besprecht diese in der Gruppe.
	Dann erstellt ihr gemeinsam einen Zeit- und Organisationsplan.
	Danach überlegst du dir ein sinnvolles Ablagesystem sowohl für Papiere als auch für Dateien. Beachte die Informationen zu den beiden Ablagesystemen. Digitales Ordnungssystem: ▪ Du musst Dateien sortieren, die deine privaten und geschäftlichen Informationen enthalten. ▪ Das betrifft Briefe, Dokumente, Rechnungen und Fotos. ▪ Die Dateien erhältst du von deinem Arbeitgeber, Freunden, Familie, Banken, Finanzamt und Versicherungen. Ablagesystem für Papiere: ▪ Die oben genannten Dokumente kannst du auch in Papierform erhalten. ▪ Diese möchtest du ordentlich in einen DIN-A4-Ordner einsortieren.
	Anschließend besprecht ihr euch in der Gruppe und einigt euch auf einen Vorschlag, den ihr eventuell gemeinsam verbessert. Fertigt einen (gemeinsamen) Einkaufszettel an, plant und kauft für das Ablagesystem ein.
	Jeder fertigt einen Entwurf für diese beiden Ablagesysteme und ein Übersichtsplakat dazu an. Jeder erstellt eine Vorlage für einen Privatbrief. Plane deine Durchführung.
	Welche technische Ausstattung kannst du zur Sicherung deiner Dateien nutzen? Vergleiche und bewerte verschiedene technische Methoden. Begründe deine Auswahl für das Projekt. Die Seiten 20/21 helfen dir dabei.
	Informiert euch über die ergonomische Gestaltung von Arbeitsplätzen vor allem in Bezug auf Komfort, Gefallen, Nutzen und Sicherheit. Erstellt eine informative Präsentation dazu. Teilt euch das Thema und die Arbeit gerecht auf. Jeder präsentiert seine erarbeiteten Inhalte selbst.
	Jeder stellt eine Möglichkeit vor, wie seiner Meinung nach ein Schreibtisch ergonomisch ideal gestaltet sein sollte. Fertigt dazu ein übersichtliches und optisch ansprechendes Plakat an.
	Am Durchführungstag, dem – Datum – ▪ legt jeder das digitale Ablagesystem an ▪ erstellt jeder das Ablagesystem für einen Ordner ▪ erstellt jeder das Übersichtsplakat ▪ schreibt jeder einen Brief nach Diktat
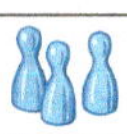	Am – Datum – stellt ihr eure Präsentation gemeinsam vor. Danach erklärt jeder sein Plakat.
	Jeder reflektiert den Ablauf des Projekts und stellt seine Projektmappe fertig. Diese muss am – Datum – abgegeben werden.

Nach dem Szenario kommt der eigentliche Aufgabenteil. In der Aufgabenstellung werden alle zu erledigenden Tätigkeiten und zu erstellenden Produkte genauer definiert. Dabei steht, welche Produkte jeder Einzelne von euch erstellen muss und was ihr gemeinsam in der Gruppe erledigen könnt. Wichtig ist auch der zeitliche Rahmen, der hier genauer benannt wird.

Hast du Fragen zur Aufgabenstellung, dann notiere diese gleich auf einem Notizblatt. Während der Schalterstunden könnt ihr offene Fragen mit euren Lehrkräften klären. Nutzt diese Zeit effektiv, damit ihr nicht wegen eines Missverständnisses Punkte verliert. Bringt alle bereits vorhandenen Unterlagen und Notizen mit in die Schalterstunde, damit eure Lehrkraft euch dazu Rückmeldung geben kann. Wichtig ist es, möglichst genau zu planen. Dann vergisst man nichts und kommt nicht in Zeitnot.

Alle zu erstellenden Produkte und Arbeitsschritte findest du ebenso in der Angabe zu den geforderten Inhalten deiner Projektmappe. Jedes Gruppenmitglied erstellt eine Projektmappe mit folgendem Inhalt (siehe **M 2**):

M 2 Inhalt Projektmappe Wirtschaft und Kommunikation

- Deckblatt
- Inhaltsverzeichnis
- Leittext mit Erklärung
- Zeit- und Organisationsplan
- eigener Vorschlag
- Entwurf Ablagesysteme und Übersichtsplakat
- Vorlage Privatbrief
- Ablaufplan für den Durchführungstag
- Infotext zum Technikeinsatz
- Reflexion der eigenen Arbeit und der Arbeit in der Gruppe
- Anhang mit:
  - Einkaufszettel
  - ausgedruckte Präsentationsübersicht (4 Folien je Blatt)
  - Quellenangaben

1 **a** Besprecht in Kleingruppen, zu welchem Thema ihr ein Übungsprojekt machen könntet.
b Sammelt eure Ideen im Klassengespräch.
c Sucht euch drei Favoriten heraus.

2 Was könnte in jedem berufsorientierenden Fach (*Ernährung und Soziales, Technik, Wirtschaft und Kommunikation*) zu diesem Thema hergestellt werden?

3 Von eurer Wirtschaft-und-Beruf-Lehrkraft bekommt ihr einen Leittext. Führt euer Übungsprojekt durch.

Zu einer guten Präsentation gehören viele Einzelheiten, die zusammen einen guten, runden Vortrag ergeben. Nicht nur der Vortrag an sich, sondern auch die Inhaltsarbeit und Recherche im Voraus und die Gestaltung der Folien ist extrem wichtig.

1. Schritt: Verstehe das Thema

Das Wichtigste für einen Vortrag ist die Beherrschung des Themas. Wird das Thema nicht verstanden, hält man automatisch eine schlechte Präsentation. Die meisten Schülerinnen und Schüler neigen dazu, ihrem Thema bzw. ihrer Aufgabenstellung zu wenig Beachtung zu schenken. Sie lesen nur kurz darüber und legen gleich mit der Präsentation los. Dabei ist dieser Schritt der wichtigste beim Erstellen deiner Präsentation. Machst du hier einen Fehler, kann dein Vortrag nicht mehr gut werden, egal wie sehr du dich anstrengst. Nimm dir deshalb Zeit.
Folgende Punkte sind wichtig:
- Lies das Thema mehrmals durch.
- Beachte jedes einzelne Wort und Satzzeichen.
- Was ist genau damit gemeint?

2. Schritt: Recherchiere die Informationen

Nachdem man sich ein Thema ausgesucht hat oder ein Thema zugeteilt wurde und verstanden hat, worum es eigentlich geht, beginnt die Suche nach passenden Informationen.
Besonders sollte man auf die Herkunft der Inhalte achten und möglichst neutrale Quellen verwenden. Gute Quellen sind zum Beispiel:
- Bücher und Schulbücher
- Experten
- Bekannte Nachrichten-Seiten von ARD oder ZDF oder anderen großen seriösen Medien
- Websites öffentlicher Stellen (Bundesagentur für Arbeit, Bundeszentrale für politische Bildung, Bundeszentrale für gesundheitliche Aufklärung, ...)
- ...

Es ist wichtig, die Quellen der gefundenen Informationen gleich zu notieren. Egal ob man im Internet oder in Büchern recherchiert. Findest du beispielsweise einen passenden Artikel zu deinem Thema, speichere die genaue URL* ab, nicht nur „arbeitsagentur.de". Notiere zusätzlich zur URL deine Zugriffszeit (Datum, Uhrzeit).
Dir muss aber bewusst sein, dass keine Quelle wirklich zu 100 Prozent neutral ist. Die Meinung des Auftraggebers, Autors oder Fotografen kann z. B. schon durch die Auswahl des Bildausschnitts zum Ausdruck kommen. Verwende deshalb immer mindestens drei Quellen, um eine Theorie oder Aussage zu überprüfen, bevor du sie verwendest. Prüfe diese Quellen auf Seriosität.

* **URL**
Ist die Abkürzung für „Uniform Ressource Locator", dies bedeutet einheitlicher Ressourcenanzeiger. Meist versteht man darunter die genaue Adresse einer Website. Gibt man die URL ein, kommt man direkt zu der Seite, auf der die gesuchten Informationen stehen.

3. Schritt: Suche nach Bildmaterial und Videos

Während du nach Informationen suchst, wirst du auch viele Bilder zu deinem Thema finden. Speichere die relevanten am besten gleich in einem Dokument ab. Notiere zu jedem Bild unbedingt die Quelle und was man darauf erkennen kann. Welche Personen sind zu sehen? Wann wurde es aufgenommen und von wem? Wo wurde es gemacht?

- Achte auch gleich darauf, ob du das Bild verwenden darfst. Nicht jedes Bild kann beliebig verwendet werden. Deutlich zu erkennen ist das, wenn beispielsweise ein Zeichen des Urhebers quer über dem Bild zu sehen ist. Das ist vor allem dann wichtig, wenn deine Präsentation öffentlich verwendet werden soll, sie zum Beispiel auf dem Schulfest gezeigt oder auf einer Homepage veröffentlicht wird.

Oft sind Videos sehr gut als Einstieg in ein Thema geeignet. Suche ein Video heraus, das einen Einblick ins Thema gibt, dir aber nicht zu viel vorweg nimmt. Meist kannst du nur einen kurzen Ausschnitt verwenden, da das Video nicht mehr als eine Minute dauern sollte. Notiere dir genau die Anfangs- und Endzeit oder schneide das Video.

- Du kannst aber nicht nur als Einstieg ein Video verwenden. Gerade bei komplexeren Themen können kurze Videosequenzen gut geeignet sein, um einen Sachverhalt zu erläutern. Die Erklärung solltest du aber übernehmen, nicht der Sprecher des Videos. Das geht ganz einfach, indem man das Video ohne Ton abspielt und selbst dazu spricht.

4. Schritt: Erstelle eine Gliederung

Überlege dir eine sinnvolle Gliederung, bevor du deine Präsentation erstellst. Denke an den roten Faden, der sich durch deine Präsentation ziehen soll. Die Teilbereiche sollten logisch aufeinander aufbauen und den ganzen Themenbereich abdecken. Immer gleich bleibt:

- Einstieg
- Titelfolie
- Übersicht
- Begriffsklärung
- Inhaltsfolien (je nach Thema) → Tipp: Mindmap als Hilfe erstellen
- Schluss (z.B. Zusammenfassung, Bewertung oder Ausblick)

Überlege dir auch für jeden Folienübergang eine Hinleitung zum nächsten Teilbereich. Hast du die Präsentation logisch aufgebaut, sollte es kein Problem sein, eine Überleitung zu finden.

5. Schritt: Gestalte die Präsentation

Grundregel für Präsentationen
Keep it short and simple – kurz: KISS.

Die Präsentation ist dazu da, deinen Vortrag zu unterstützen. Es gibt viele verschiedene Präsentationsprogramme mit denen du einfach eine digitale Präsentation erstellen kannst. Die meisten Programme sind so aufgebaut, dass du verschiedene Folien gestaltest, die der Reihe nach gezeigt werden.
Das hat den großen Vorteil, dass diese Folien deinen Vortrag strukturieren und du in der Aufregung keinen Teilbereich vergessen kannst. Erstelle deshalb für jeden Inhaltsbereich eine Folie, achte aber darauf, nicht zu viele Folien zu erstellen oder sehr schnell zwischen den Folien zu wechseln.
Die Präsentation soll im Hintergrund ablaufen, während du die Hauptperson bist. Deshalb notiere (außer bei Zitaten) nie ganze Sätze auf deiner Folie. Du erklärst das Thema, nicht die Präsentation.
Bedenke, dass du bei deinem Vortrag zu jedem verwendeten Foto und jeder verwendeten Grafik etwas erläutern solltest. Setze nichts auf die Folie, auf das du später nicht eingehst.

Regeln für übersichtliche Foliengestaltung

Gute Lesbarkeit
- höchstens zwei verschiedene passende Schriftarten (für Text gerade Schriftarten)
- Überschrift: mindestens Schriftgröße 36 Punkt
- Text: mindestens Schriftgröße 20 Punkt

Schlechte Lesbarkeit
- Kontrast zu schlecht, farbige Schrift
- zu viele **verschiedene** *Schriftarten*

Zeilenabstand ist zu eng und der Text ist bis an den Rand geschrieben

Gutes Foliendesign
- wenige Farben
- Folienelemente farblich abgestimmt
- Überschriften einheitlich (Größe, Schriftart und Farbe)
- alle Texte einheitlich
- Hervorhebungen in einer passenden **Farbe** oder **fett**.

Schlechtes Foliendesign
➤ viele unterschiedliche Farben
→ Folienelemente bunt
✓ **Überschriften** sind **uneinheitlich**
● alle Texte sind unterschiedlich
✤ Hervorhebungen sind schlecht erkennbar

Übersichtlich
- nur Stichpunkte
- alles sinnvoll strukturiert
- ausgewählte Grafiken und Bilder
- Rechtschreibung und Grammatik stimmen

Unübersichtlich
Hier steht zu viel Text, der nicht durch Stichpunkte gegliedert ist. Das Publikum ist so nur mit dem Lesen beschäftigt und kann sich nicht auf den Inhalt konzentrieren. Außerdem passen Text und Bild nicht zusammen. Die Bildauswahl ist schlecht. Die Struktur ist nicht zu erkennen.

6. Schritt: Teste die Technik

Nichts ist schlimmer als eine gute Präsentation erstellt zu haben, die dann aber am Prüfungstag nicht funktioniert. Du hast die Präsentation vielleicht zuhause gemacht und musst sie auf den Schul-PC übertragen oder du bringst deinen eigenen Laptop mit und musst ihn mit dem Beamer verbinden. Da kann viel schief gehen.

Gerade die ersten Minuten sind für eine Präsentation besonders wichtig. Wirkt dein Vortrag da nicht professionell, weil du beispielsweise nervös damit beschäftigt bist, die Kabel umzustecken oder verzweifelt die Tastenkombinationen durchprobierst, dann hast du leider schon viel verloren.

Deshalb nutze unbedingt die Möglichkeit, die Technik am Tag vorher zu überprüfen. Hole dir bei Bedarf Hilfe. Überprüfe, ob im Raum alles vorhanden ist, was du brauchst (z. B. Weltkarte, Zeigestab). Welche Verdunklung ist notwendig und funktioniert sie?

7. Übe deinen Vortrag

Du bist gut vorbereitet. Du weißt alles Wesentliche, hast eine ansprechende Präsentation mit den wichtigsten Informationen erstellt und Bildmaterial eingefügt. Die Technik läuft und du hast dich mit den räumlichen Voraussetzungen vertraut gemacht.

- Schreibe dir Karteikarten mit den wichtigsten Stichpunkten zu jeder Folie auf. Es ist auch möglich, den ersten und letzten Satz deiner Präsentation wörtlich zu notieren, damit du eine Gedächtnisstütze hast, falls du nervös wirst. Mache aber auf keinen Fall den Fehler, den ganzen Vortrag wörtlich aufzuschreiben. Dann liest du nur von deinen Karteikarten ab und verlierst den Faden, wenn du kurz hochschaust oder etwas frei formulierst.
- Übe den Vortrag stehend vor Publikum (Eltern, Freunde, Geschwister ...) oder vor einem Spiegel. Versuche Blickkontakt zu deinem Publikum zu halten und nicht nur auf Leinwand, Karteikarten und Bildschirm zu blicken. Deine Körperhaltung ist besonders wichtig: Stehe fest auf beiden Beinen und selbstbewusst vor deinen Zuhörerinnen und Zuhörern.
- Achte auf deine Gestik und Mimik. Für einen abwechslungsreichen Vortrag, ist es besonders wichtig, nicht eintönig und gelangweilt zu wirken. Bewege dich im Raum, unterstütze deinen Vortrag mit Gesten und variiere Stimmlage und Sprechrhythmus, wie du es in einem Gespräch auch machst. Stecke die Hände nicht in die Hosentaschen oder verschränke sie vor der Brust.
- Du stehst bei einer Präsentation im Mittelpunkt – vielleicht sogar im Rahmen einer Abschlussprüfung. Das ist ein besonderer Anlass, den man auch an deiner Kleidung wahrnehmen sollte. Ziehe dich ordentlich an, ähnlich wie bei einem Vorstellungsgespräch.

Technische Verfahren vergleichen und bewerten

In Betrieben werden abhängig vom jeweiligen Produkt im Herstellungsprozess unterschiedliche technische Verfahren angewendet. Die einzelnen technische Verfahren werden mithilfe unterschiedlicher technischer Einrichtungen und Geräte durchgeführt. Genau wie in einem Betrieb wendest du im Projekt bestimmte technische Geräte zur Umsetzung einzelner Verfahren an. Nicht jedes der sechs technischen Verfahren, die du in der achten Klasse kennengelernt hast, kannst du im Rahmen des Projekts im Bereich Ernährung und Soziales, Technik oder Wirtschaft und Kommunikation durchführen. Manchmal hast du sogar, je nach technischer Ausstattung des Fachraums, unterschiedliche Verfahren und Werkzeuge oder Maschinen zur Auswahl. Dann ist es im Projekt wichtig, dass du eine gut begründete und bewusste Auswahl triffst.

M1 Technische Verfahren und technische Ausstattung im Überblick

		Technische Ausstattung des Fachraums	
Technische Verfahren		**Ernährung und Soziales**	**Technik**
1 Urformen 2 Umformen 3 Trennen 4 Fügen 5 Beschichten 6 Stoffeigenschaften verändern	… werden umgesetzt mit …	▪ Handrührgerät ▪ Kochlöffel ▪ Schnellkochtopf ▪ Kochautomat ▪ Messer ▪ Schneidebrett ▪ Mixer ▪ Mikrowelle ▪ Herd/Backofen ▪ Toaster ▪ Spülmaschine ▪ Spülbecken ▪ …	▪ Handbohrer ▪ Bohrmaschine ▪ Tischbohrmaschine ▪ Japansäge ▪ Laubsäge ▪ Bandsäge ▪ Schleifmaschine ▪ Schleifpapier ▪ Feile ▪ Zeichenbrett ▪ Schraubendreher ▪ Lackierpistole ▪ …

Mögliche Aspekte, die du bei der Auswahl deiner Geräte vergleichen kannst, sind die Effizienz, die Qualität der Ergebnisse, die Kosten, die Einfachheit der Nutzung oder auch die Sicherheit. Je nach technischem Gerät und Arbeitsaufgabe macht es Sinn, in einzelnen dieser Bereiche die Eigenschaften zu vergleichen. Beispielsweise arbeitet bei der Herstellung einer größeren Menge Brotteig eine automatische Teigrührmaschine wesentlich effizienter als ein einfaches Handrührgerät. Die Nutzung einer Laubsäge für feine Arbeiten kann schwieriger sein und wesentlich mehr handwerkliches Können abverlangen, als der Einsatz einer Bandsäge mit entsprechendem Sägeband. Jedoch ist hier das Unfallrisiko (Sicherheit) deutlich höher als im Umgang mit einer Laubsäge.

M 2 So kommst du zu einer gut begründeten Entscheidung

1. Entscheidungsmöglichkeit erkennen ➔ 2. Ziel festlegen ➔ 3. Informationen sammeln ➔ 4. Alternativen suchen ➔ 5. Vergleichen der Alternativen ➔ 6. Entscheidung treffen

M 3 Technische Ausstattung mit ähnlicher Funktion im Vergleich

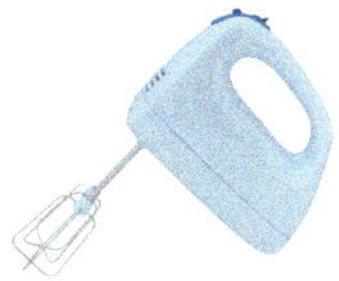
oder

oder

oder

oder

M 4 Mögliche Aspekte zum Vergleich technischer Ausstattung

Aspekte zum Vergleich	Leitfragen
Effizienz und Zeit	Wie viele Produkte kann ich herstellen? Wie lange dauert der Arbeitsschritt?
Qualität	Wie hoch ist das Risiko Fehler zu machen? Wie gut ist das spätere Produkt?
Kosten	Wie viel kostet der Einsatz des Gerätes? Wie viel Energie oder Material verbrauche ich? Was kostet die nötige Anschaffung und der Unterhalt?
Nutzung	Wie einfach ist das Gerät zu nutzen? Wie gut kann ich mit dem Gerät umgehen?
Sicherheit	Wie leicht können Unfälle passieren? Welche Folgen kann eine (falsche) Nutzung haben?
Nachhaltigkeit	Lässt sich das Gerät reparieren? Wird die Umwelt durch das Gerät beeinträchtigt (z. B. Abgase, Abwasser, Lärm, ...)?

1 **a** Betrachte **M 1** genau und wähle aus: Welche technischen Verfahren kannst du in *Ernährung und Soziales* bzw. *Technik* umsetzen? Begründe deine Auswahl.
b Ordne jedem Gerät in der Liste ein oder mehrere Verfahren zu.

2 **a** Auch in *Wirtschaft und Kommunikation* benutzt du verschiedene technische Geräte. Schreibe auf welche.
b Ordne diese den Verfahren aus **M 1** zu.

Präsentation und Reflexion der Projektarbeit

Zur Aufgabenstellung deiner Projektprüfung gehört auch die Präsentation deiner Arbeitsergebnisse. Entweder präsentiert deine ganze Gruppe gemeinsam oder jeder von euch hält eine Einzelpräsentation. Das legt deine Schule fest. Jeder übernimmt festgelegte Bereiche, deshalb ist es wichtig sich abzusprechen und gut zu planen. Ein Teil der Gesamtpräsentation ist deine Präsentation für das Fach *Wirtschaft und Beruf*. Vergesst aber den Rest eurer Projektarbeit nicht. Denkt auch bei der Gesamtpräsentation wieder an den roten Faden, euer Projektthema, der sich durch die Präsentation ziehen soll. Einen möglichen Aufbau der Gesamtpräsentation seht ihr in **M1.**

M1 Möglicher Aufbau der Gesamtpräsentation

Gemeinsamer Einstieg

Stellt die Gruppe vor, erklärt die Projektaufgabe, gebt einen Überblick über eure Projekttage und die Gesamtpräsentation, leitet zu den Einzelpräsentationen über.

Präsentation Wirtschaft und Beruf – Gruppenmitglied 1

Überlegt euch eine sinnvolle Reihenfolge für eure Einzelpräsentationen, jeder gliedert auch seine Einzelpräsentation und gibt zunächst einen Überblick.

Präsentation Wirtschaft und Beruf – Gruppenmitglied 2, 3, ...

Versucht eine logische Überleitung zwischen den einzelnen Präsentationen zu finden, leitet nach allen Einzelpräsentationen zur Produktpräsentation über.

Produktpräsentation

Stellt eure hergestellten Produkte vor und erklärt, wie ihr vorgegangen seid. Verwendet dabei Fachbegriffe, seid auch selbstkritisch und sagt, was ihr hättet besser machen können.

Reflexion und Abschluss

Zum Abschluss eurer Präsentation berichtet ihr, wie das Projekt in eurer Gruppe abgelaufen ist, ob ihr Probleme hattet und wie ihr miteinander ausgekommen seid.

Reflexion der Projektarbeit

Die letzte Aufgabe deiner Projektprüfung ist es, eine eigene Reflexion für deine Projektmappe zu erstellen und damit deine Projektarbeit abzuschließen. In der Reflexion geht es darum, sich mit der eigenen Arbeit am Projekt auseinanderzusetzen. Folgende Fragen sind wichtig: Warst du gut organisiert? Was ist dir gut gelungen? Was hättest du besser machen können?

M 2 Reflexionsbereiche

Hier folgen Beispiele, die dir bei der Erstellung deines Reflexionsbogens helfen können. Tipp: Beantworte die Fragen nicht nur mit Ja und Nein. Begründe deine Entscheidung.

Sachkompetenz: Habe ich die richtigen Werkzeuge und Geräte eingesetzt? Habe ich Werkzeuge und Geräte richtig eingesetzt? Konnte ich die erlernten Arbeitstechniken sicher anwenden? Habe ich während der Arbeit alle Regeln beachtet? Bin ich sparsam mit den Materialien/Lebensmitteln umgegangen? Konnte ich die Produktpräsentation sachlich richtig vorstellen?

Methodenkompetenz: Habe ich zur Recherche effektiv Informationsquellen genutzt? Habe ich mich an den Zeitplan gehalten? Habe ich die Schalterstunden gut vorbereitet und genutzt? Habe ich die Projektmappe vollständig und sorgfältig geführt? Konnte ich mit meiner Präsentation überzeugen?

Soziale Kompetenz: Habe ich mitgeholfen, die Aufgaben in der Gruppe gerecht zu verteilen? Haben wir bei Problemen gemeinsam nach einer Lösung gesucht? Habe ich den anderen Gruppenmitgliedern geholfen? War ich bereit die Ideen von anderen anzuerkennen und umzusetzen?

Personelle Kompetenz: War ich immer pünktlich und ausgeschlafen? Hatte ich stets alle Materialien dabei? Habe ich die Aufgabenstellung verstanden? Habe ich mich mit eigenen Ideen eingebracht? Habe ich konzentriert und ausdauernd gearbeitet? Bin ich bereit selbstkritisch meine Projektarbeit zu reflektieren?

1 Erstelle deine Gesamtpräsentation (M 1) und erstelle deinen Reflexionsbogen (M 2).

2 **a** Besprich dich nach Abschluss des Übungsprojekts mit deiner Lehrkraft. Was lief gut, was könntest du besser machen?

b Erstelle eine Liste mit den Punkten, was gut lief und was noch besser werden kann. Hebe die Liste gut auf, damit du sie bei deiner Projektprüfung zu Rate ziehen kannst.

KAPITEL 2

Arbeitswelt im Wandel

Die Arbeitswelt verändert sich stetig und immer schneller. Wer heutzutage beruflich erfolgreich sein möchte, muss immer auf dem neuesten Stand bleiben.

1. *Welchen Arbeitsplatz kannst du auf dem Bild erkennen?*
2. *Wie könnte der Arbeitsplatz vor 20 Jahren ausgesehen haben?*
3. *Wie wird er wohl in 50 Jahren aussehen?*

Wirtschaftsbereiche im Wandel

M1 Die drei Wirtschaftsbereiche

primärer Sektor

Urproduktion

Typische Berufe:
- Landwirt/in
- Fischer/in
- Forstwirt/in

Dieser Bereich befasst sich mit der Produktion von Rohstoffen.

sekundärer Sektor

Verarbeitung von Gütern

Typische Berufe:
- Tischler/in
- Metzger/in
- Maurer/in

In diesem Bereich werden die Rohstoffe verarbeitet. Hier werden viele Güter und Maschinen eingesetzt.

tertiärer Sektor

Dienstleistungen

Typische Berufe:
- Einzelhandelskaufmann/frau
- Polizist/in
- Erzieher/in
- Fachinformatiker/in
- Friseur/in
- Verwaltungsfachangestellte/r

In diesem Bereich arbeiten heute die meisten Menschen.

M2 Entwicklung der Wirtschaftsbereiche

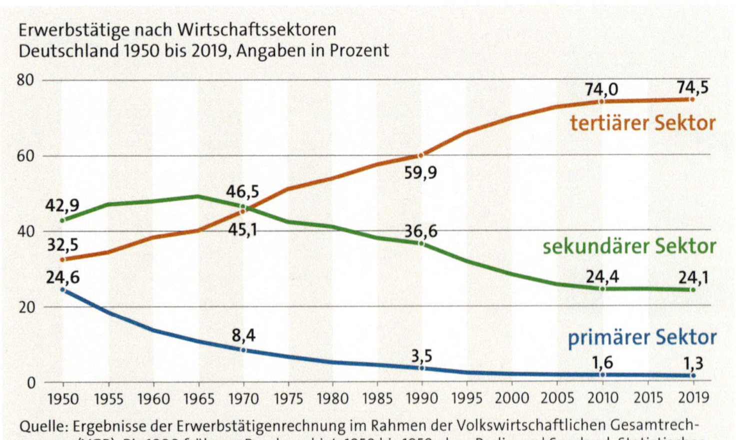

Quelle: Ergebnisse der Erwerbstätigenrechnung im Rahmen der Volkswirtschaftlichen Gesamtrechnungen (VGR). Bis 1990 früheres Bundesgebiet. 1950 bis 1959 ohne Berlin und Saarland. Statistisches Bundesamt, Wiesbaden, Stand: 27.2.2020

Man ordnet alle Beschäftigten eines Landes den drei Produktionsbereichen zu, diese nennt man Wirtschaftsbereiche oder -sektoren. In den letzten Jahrzehnten hat sich der Anteil an Beschäftigten im primären, sekundären und tertiären Sektor in der Wirtschaft verändert. Man spricht von einem Strukturwandel. Immer weniger Menschen arbeiten in der Landwirtschaft (primärer Sektor) oder stehen am Fließband (sekundärer Sektor). Denn diese Arbeiten werden immer mehr automatisiert oder werden ins Ausland verlagert.

Die Beschäftigungsmöglichkeiten verschieben sich bei uns immer weiter in den Dienstleistungssektor. Dieser wirtschaftliche Wandel von der Industriegesellschaft zur Dienstleistungsgesellschaft wird als Tertiärisierung bezeichnet.

M 3 Das gehört zum tertiären Sektor (Beispiele)

Beratung	Logistik	Information und Kommunikation
Verwaltung	Verkauf	Tourismus
Erziehung und Bildung	Ausbildung	Kultur und Unterhaltung
Handel	Banken/Versicherungen	Gesundheits- und Sozialwesen

Die Entwicklung wie in **M 2** dargestellt hat verschiedene Ursachen: Durch den Strukturwandel bedienen immer weniger Menschen Maschinen. Die Fließbandarbeit geht stark zurück. Andererseits werden immer mehr Menschen gebraucht, die Prozesse überwachen und verbessern, Maschinen warten und einrichten. Im Durchschnitt haben die Menschen heutzutage einen höheren Verdienst, weshalb sie selbst mehr Geld für Dienstleistungen ausgeben. Zum Beispiel gehen viele Frauen zur Maniküre, anstatt ihre Fingernägel selbst zu pflegen. Durch die hohe Technisierung des Alltags steigt der Bedarf nach Reparatur- und Wartungsdiensten, da man viele Geräte nicht mehr selbst reparieren kann. Ein weiterer Punkt ist, dass immer mehr Menschen ihre Freizeit aktiv mit Freizeitangeboten wie Bowling oder Kinobesuchen gestalten. Auch hierfür werden wieder viele Dienstleister benötigt. Die steigende Zahl älterer Menschen führt zu einem höheren Bedarf an Pflege und medizinischer Versorgung. Und die alten Menschen wollen auch unterhalten und beschäftigt werden.

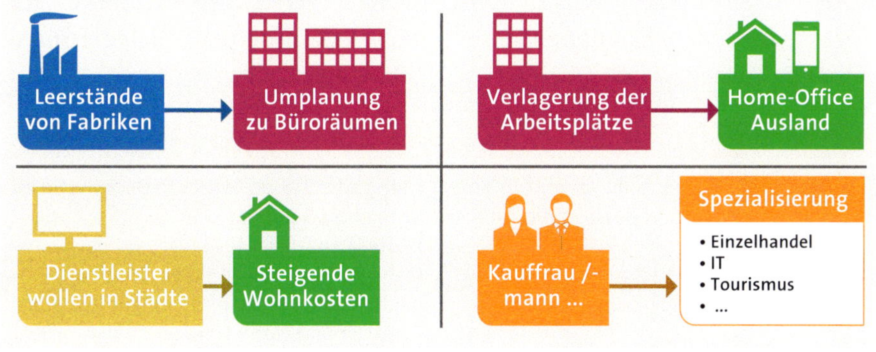

M 4 Beispiele für Auswirkungen der Tertiärisierung

1 Erkläre im Partnergespräch mit eigenen Worten die drei Wirtschaftsbereiche (M 1).

2 Finde zu den Schlagworten von M 3 jeweils einen passenden Beruf.

3 **a** Klärt im Klassengespräch die Entwicklung der drei Wirtschaftsbereiche in den letzten 200 Jahren. Findet mögliche Erklärungen für den starken Rückgang des primären Sektors.

b Wie ist der Trend momentan?

4 Erstelle ein Cluster zu den Ursachen dieser Tertiärisierung.

5 Stelle dar, wie dich Auswirkungen der Tertiärisierung (M 4) in deinem Berufsleben betreffen könnten.

M 1 Warenhandel weltweit

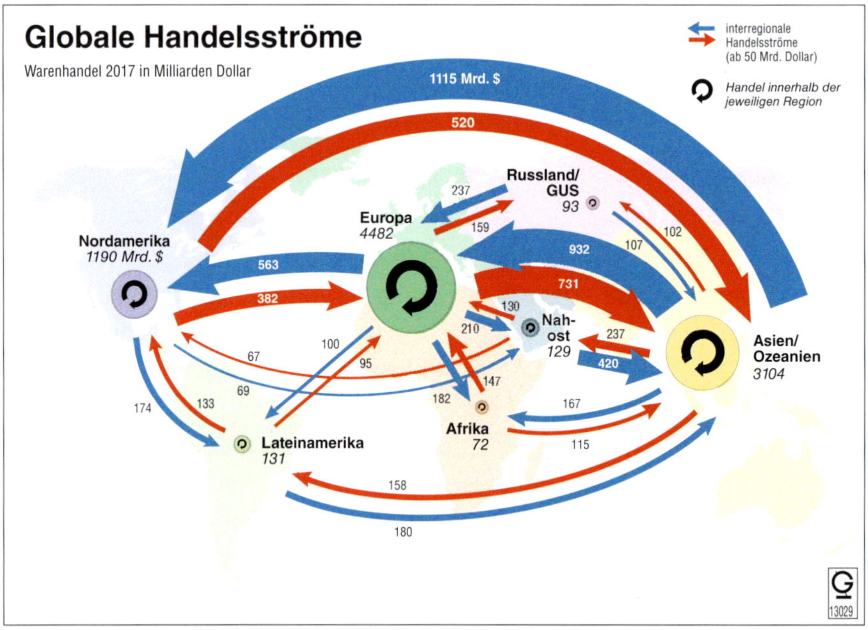

Globalisierung bedeutet, dass Menschen auf der Welt miteinander handeln, das heißt Waren und Dienstleistungen austauschen. Außerdem profitieren sie voneinander, da sie ihr Wissen um Technik, Medizin usw. miteinander teilen. Es entsteht eine weltweite Vernetzung.

Wenn du in deinen Kleiderschrank schaust, findest du viele Beispiele für die Globalisierung. Die Jeans, die du in Deutschland gekauft hast, wird wahrscheinlich dort nicht produziert. Sie hat einen langen Weg hinter sich, bevor sie in deinem Kleiderschrank gelandet ist.

M 2 Beispiel Texttilproduktion

Stationen der textilen Produktion

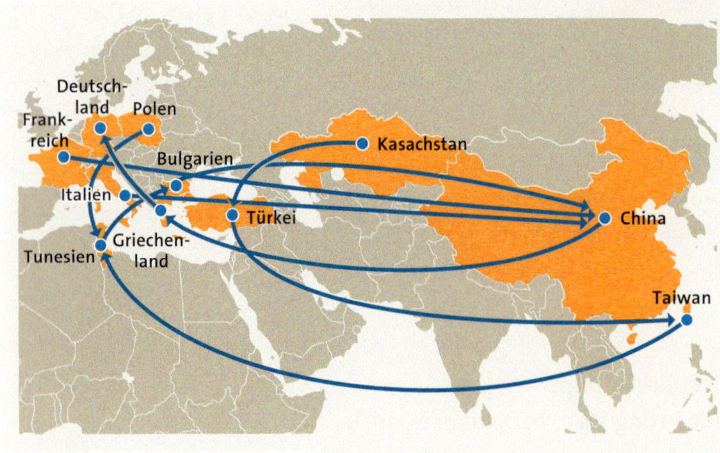

Die Baumwolle für eine Jeans wird in Kasachstan angebaut und dann in die Türkei transportiert. Dort wird die Baumwolle zu Garn gesponnen.
Weiter geht es nach Taiwan, wo der Jeansstoff gewebt wird. In Polen findet die Produktion des Farbstoffs Indigoblau statt. Farbstoff und Jeansstoff kommen in Tunesien zusammen, dort findet das Färben statt. Die Veredelung des Stoffs (weich, knitterarm ...) passiert dann in Bulgarien. Nun reist der Stoff weiter nach China und wird dort zusammengenäht. Die Knöpfe und Nieten für die Fertigstellung stammen aus Italien, der Futterstoff aus Frankreich.
Ihre letzte Station, bevor sie zu dir nach Deutschland kommt, macht die Jeans in Griechenland, wo sie durch die Bearbeitung mit Bimsstein ihren typischen „stonewashed-Look" bekommt.

Nicht nur die Waren sind weltweit unterwegs, auch die Menschen können mithilfe digitaler Medien und des Internets rund um den Globus in Kontakt treten (**M 3**). Sie sind in vielen Bereichen weltweit vernetzt. Durch Internet und Smartphones ist ein verbesserter Informationsaustausch möglich, was zu einer Veränderung der Weltwirtschaft geführt hat. Viele große Firmen haben Firmenstandorte in verschiedenen Teilen der Welt und sind somit global tätig. Das wiederum bedeutet für die Angestellten dieser Firma, dass sie die Möglichkeit haben, ihren Lebensmittelpunkt ins Ausland zu verlagern – zeitweise oder dauerhaft. Dort finden sie Freunde, gründen Familien und tragen so selbst zur weltweiten Vernetzung bei. Durch die Möglichkeiten des Internets und digitaler Medien sind sie trotzdem noch mit ihrer Heimat verbunden. Auch ein Besuch zuhause ist dank der guten Flugverbindungen leicht zu organisieren. Für die Umwelt bedeutet diese Entwicklung allerdings eine große Belastung.

Arbeiten in interkulturellen Teams

Erntehelfer aus Osteuropa in Deutschland

M 3 Auswirkungen der Globalisierung

weltweiter Zugang zu Wissen

Forschung und Innovation durch globale Zusammenarbeit

sinkende Preise durch stärkeren Wettbewerb

steigendes Angebot an Waren

Kinderarbeit und Ausbeutung in Entwicklungsländern

Völkerverständigung

Firmenverlagerung ins Ausland → möglicher Jobverlust

große Firmen profitieren mehr → kleine Firmen haben es schwer

Umweltzerstörung durch Produktion und Transport

kulturelle Globalisierung

1 Beschreibe den Begriff Globalisierung mithilfe von **M 1**.

2 Welche Nachteile ergeben sich durch die Herstellung der Jeans im Beispiel **M 2**?

3 Erkläre, warum es beispielsweise im medizinischen Bereich ein Vorteil ist, dass eine weltweite Vernetzung besteht.

4 **a** Ordne die Begriffe von **M 3** nach Vor- und Nachteilen der Globalisierung. Denke dabei an die verschiedenen Perspektiven.

b Wie bewertest du die Auswirkungen der Globalisierung auf dich? Begründe.

Neue Technologien und lebenslanges Lernen

M 1 Die neue Arbeitswelt

Spracherkennung
mobiles Bezahlen
selbstfahrende Autos
Smart-Homes
künstliche Intelligenz
Clouds
VR-Brillen
Industrie 4.0
lernende Maschinen
digitale Assistenten
5G-Netz
bionische Exoskelette

Wir leben in einem Technikzeitalter, alle Lebensbereiche sind technifiziert. Das heißt, wir verwenden jederzeit technische Geräte – im Haushalt, in der Schule, im Straßenverkehr, in der Freizeit. Diese Technik wird immer schneller weiterentwickelt, mit dem Ziel uns das Leben zu erleichtern. Dies hört auch bei der Arbeit nicht auf, im Gegenteil. Viele Arbeitsplätze sind ohne moderne Technik heute nicht mehr denkbar. Diese technischen Geräte verändern aber massiv die Arbeitsabläufe im Beruf und auch die Ausbildungsberufe selbst. Was vor 20 Jahren noch manuell gemacht wurde, wird heute mithilfe technischer Geräte erledigt. In ein paar Jahren übernimmt vielleicht schon ein Roboter die Aufgabe. Eine Anpassung an diese Techniken erfordert von allen Beschäftigten lebenslanges Lernen. Lebenslanges Lernen findet immer und überall statt (siehe **M 2**). Alles was du lernst, egal ob im privaten Bereich oder bei der Arbeit, kann dir für deinen beruflichen Werdegang nutzen.

M 2 Beispiele für lebenslanges Lernen

Ich heiße Pascal und bin 16. Ich mache eine Ausbildung zum Kinderpfleger. In meiner Freizeit spiele ich Rollhockey und trainiere auch die U8-Mannschaft. Teamfähigkeit, Geduld und Organisationstalent sind dabei besonders gefragt. Diese Eigenschaften bringen mich auch in der Ausbildung voran. Während meiner Schulzeit war ich in der Informatik AG. Meine Kollegen freuen sich, dass ich die Kita-Homepage pflege.

Ausbildung AGs/Kurse Schule Freizeit Verein

Ich bin der Markus und 39 Jahre alt. Wie mein Sohn spiele ich Rollhockey und gehöre dem Vereinsvorstand an. Ich absolvierte eine Ausbildung zum Kaufmann im Einzelhandel. Nach sieben Jahren Berufserfahrung und Fortbildungen im kaufmännischen Bereich habe ich eine Weiterbildung zum Filialleiter gemacht. In meiner Freizeit besuche ich an der Volkshochschule einen Businessenglischkurs. Dies nützt mir sehr, wenn ich mit fremdsprachigen Geschäftspartnern verhandele.

Familie Ehrenamt Weiterbildung Erwerbsarbeit Fortbildung

Mobilität und Flexibilität

Die Arbeitswelt ist im Wandel, und das schneller als je zuvor. Durch die Globalisierung und neue Technologien verändern sich Arbeitsplätze, Berufe und ganze Wirtschaftsbereiche. Das erfordert von den Beschäftigten besonders Mobilität und Flexibilität. Der Wandel der Arbeitswelt bietet viele Chancen, es gibt aber auch Risiken.

M 3 Wandel der Arbeitswelt

Mobilität (Beweglichkeit)	Flexibilität (Anpassungsfähigkeit)
Man ist mobil, wenn man bereit ist, den Arbeitsort zu wechseln. ▪ innerhalb der Firma ▪ regional ▪ überregional	Man ist flexibel, wenn man sich an neue Anforderungen, Situationen und Aufgaben anpasst. ▪ neue Techniken ▪ zeitliche Anpassung ▪ andere Arbeitsorganisation (Teamarbeit, Home-Office, ...)
→ räumliche Veränderung	→ organisatorische Veränderung

- schnelle Aufstiegschancen
- finanzielle Absicherung
- eigenen Lebensstil finden
- neue Situation erfordert Eigenverantwortung
- Arbeit und Freizeit vermischen sich
- neue Erfahrungen
- Chance auf Selbstverwirklichung
- soziale Beziehungen aufgeben
- nur die Qualifikation zählt, nicht der Mensch
- Ortswechsel als Chance

M 4 Chancen und Risiken durch den Wandel der Arbeitswelt

1 Recherchiere die Schlagworte in **M 1** und erkläre sie.

2 Man lernt nicht nur in der Schule. Von wem und wo hast du bislang gelernt? Erstelle dazu ein Cluster.

3 Unterscheide Mobilität und Flexibilität (**M 3**). Finde passende Beispiele aus deinem Lebensumfeld. Welche Rolle könnten diese Begriffe in deinem Leben spielen?

4 Chance oder eher Risiko? Ordne die Begriffe von **M 4** zu und ergänze weitere.

Arbeitslosigkeit vorbeugen durch Qualifikation

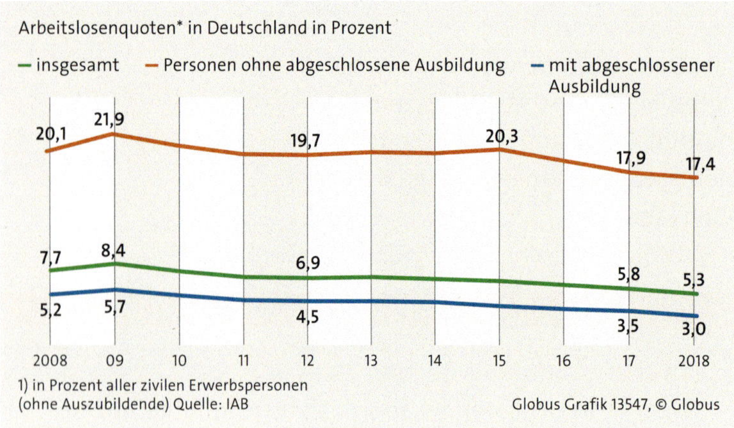

M 1 Arbeitslose nach Qualifikation

Unter einer beruflichen Qualifikation versteht man alle Kenntnisse, Fähigkeiten und Fertigkeiten, die man braucht, um nach Abschluss einer Berufsausbildung einen Beruf gut ausüben zu können. Auch wenn man während seines Berufslebens noch viel dazu lernt, ist eine gute Grundqualifikation ein erster und wichtiger Baustein zum Schutz vor Arbeitslosigkeit. Sie ist die Grundlage für alle beruflichen Kenntnisse, die man sich während seines Arbeitslebens erwirbt. Auch später muss man sich weiter qualifizieren, um mit den Entwicklungen des Arbeitsmarkts mithalten zu können. Eine qualifizierte Person ist für den Betrieb wertvoll und wird nicht so schnell entlassen. Auch bei der Suche nach einer neuen Arbeitsstelle werden berufliche Qualifizierungen sehr geschätzt. Diese Qualifizierungen erfolgen in unterschiedlichen Arten der beruflichen Weiterbildung, je nachdem, wofür man qualifiziert werden möchte oder soll.

- Weiterbildungen werden vor allem gemacht, um das berufliche Wissen zu aktualisieren, die Karriere voranzutreiben und damit den eigenen Arbeitsplatz zu sichern.
- Weiterbildungen können zum Beispiel sein: Vorträge, Fachtagungen, betriebsinterne oder außerbetriebliche Lehrgänge oder Seminare. Sie können auf verschiedenen Ebenen stattfinden:
  – höhere berufliche Position → Aufstiegsweiterbildung
  – sich an neue Erfordernisse am Arbeitsplatz anpassen → Anpassungsweiterbildung
  – eine neue berufliche Ausrichtung finden → Umschulung

M 2 Verschiedene Qualifizierungsmaßnahmen

Fachliche Qualifizierung: Mitarbeiterinnen und Mitarbeiter werden für ihre fachlichen Tätigkeiten geschult.

Soziale Qualifizierung: Umgang miteinander und Arbeitsmotivation werden geschult

Unterschiedliche Beschäftigungsverhältnisse

Bis in die 1970er Jahre haben die meisten Menschen fest angestellt bei einem Arbeitgeber gearbeitet. Man ist jeden Tag zur gleichen Uhrzeit zur Arbeit gefahren und hatte viele Jahre und Jahrzehnte lang die gleichen Arbeitsabläufe. Man hat acht Stunden täglich gearbeitet, Teilzeit war nur wenig verbreitet. Leiharbeit war selten und Minijobs gab es nicht. Meistens haben die Männer gearbeitet und das Geld nach Hause gebracht und viele Frauen haben sich nur um Haushalt und Familie gekümmert.

Mit den neuen Arbeitsformen und Möglichkeiten haben sich auch die Beschäftigungsverhältnisse geändert. Nur noch ein kleiner Anteil der Bevölkerung verbringt sein ganzes Berufsleben beim gleichen Arbeitgeber. In manchen privaten Phasen, wie Kindererziehungszeiten, kann man seinem Job nicht mehr im gleichen Maße nachgehen, wie das vorher der Fall war. Wenn man keine Möglichkeit hat ein Teilzeitangebot in Anspruch zu nehmen, muss man sich anderweitig orientieren. Angepasst an die private und berufliche Situation gibt es verschiedene Beschäftigungsverhältnisse.

M 3 Besondere Beschäftigungsverhältnisse

Minijob	Zeitarbeit/Leiharbeit
Eine geringfügige Beschäftigung, das heißt, dass bestimmte Verdienstgrenzen (Stand 2020: 450 €/Monat) nicht überschritten werden dürfen. Auch gibt es Zeitgrenzen, die eingehalten werden müssen. Minijobber können im gewerblichen Bereich oder im Privathaushalt arbeiten. Üben sie verschiedene Beschäftigungen aus, darf trotzdem die Verdienstgrenze nicht überschritten werden.	Beschäftigungsform, bei der man bei einer Zeitarbeitsfirma angestellt ist. Dieses Unternehmen „verleiht“ seine Beschäftigten an Firmen, die schnell und befristet Mitarbeiterinnen und Mitarbeiter benötigen. Ein „Zeitarbeiter“ ist also bei einer Firma angestellt und arbeitet für eine bestimmte Zeit für andere Firmen. Ein „Zeitarbeiter“ darf längsten 18 Monate an eine Firma ausgeliehen werden.
▪ keine Steuern und Versicherungsabgaben ▪ geringe Rentenansprüche bei 450 €/Minijob ▪ es gilt der gesetzliche Mindestlohn pro Stunde, der nicht unterschritten werden darf ▪ als Nebenjob oder Zuverdienst ▪ keine Aufstiegsmöglichkeit ▪ keine Weiterbildung	▪ Berufserfahrung sammeln ▪ Option auf Festanstellung ▪ hohe Flexibilität nötig ▪ geringerer Lohn als festangestellte Beschäftigte ▪ Einstieg für Berufsrückkehrer und wenig Qualifizierte ▪ hohes Risiko arbeitslos zu werden ▪ keine Planungssicherheit

1 Werte das Diagramm **M 1** aus.

2 Recherchiere für deinen Wunschberuf Beispiele für Weiterbildungen und Qualifizierungen (**M 2**).

3 **a** Notiere in einer Tabelle die Vor- und Nachteile von Minijob, Zeitarbeit (**M 3**), klassischer Vollbeschäftigung und Teilzeitbeschäftigung.

b Begründe, welches Beschäftigungsverhältnis sich für dich eignet. Denke auch an spätere Lebensphasen.

1 Vervollständige die Mindmap zur Tertiärisierung.

Tertiärisierung

Bereiche
- Beratung
- Erziehung
- ...

Trends und Veränderungen
- ...

Auswirkungen
- ...

Ursachen
- ...

2 Die Firma, bei der dein Vater arbeitet, möchte im Zuge der Globalisierung ihren Produktionsstandort ins Ausland verlagern. Entwickle mit deiner Arbeitspartnerin oder deinem Arbeitspartner einen Dialog zwischen Vater und Kind. Das Kind zählt die Nachteile der Globalisierung auf während der Vater die Globalisierung als Chance sieht.

Wenn eure Firma ins Ausland umzieht, verlieren doch ganz viele Leute ihren Job!

Ja, das stimmt schon. Aber sonst müsste unsere Firma hier ganz schließen. Und denk doch mal ...

3 **a** Mobilität, Flexibilität und lebenslanges Lernen sind im modernen Arbeitsleben unerlässlich. Erkläre diese zwei Aussagen mithilfe der Grafik.

„Ich will unbedingt Grafikdesigner werden, dafür würde ich auch bayernweit umziehen."
„Mir ist es ganz wichtig in der Nähe meiner Familie zu bleiben. Meine Ausbildung möchte ich im Handwerk machen."

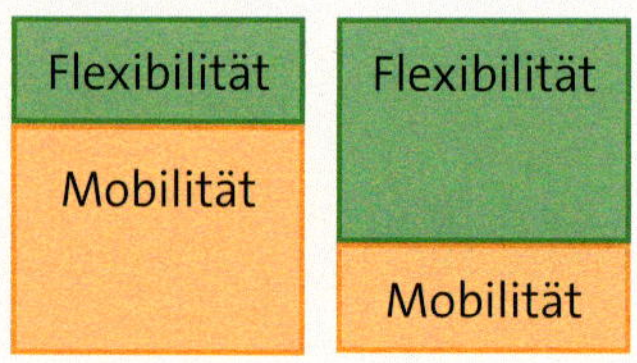

b Ergänze die zwei Sätze sinnvoll. Schreibe sie in dein Heft.
„Je mobiler man ist, desto ..."
„Je flexibler man ist, desto ..."

4 Es gibt verschiedene Qualifizierungen. Übertrage die Tabelle in dein Heft und ordne die Schulungsinhalte aus dem Wortspeicher zu.

fachliche Qualifizierung	soziale Qualifizierung	organisatorische Qualifizierung

Umgang miteinander · Gestaltungstipps für das Home-Office · Arbeitsmotivation · fachliche Tätigkeiten · Teamleitung leichtgemacht · Einstellung zu Arbeit und Beruf · Umgang mit der neuen Textverarbeitungssoftware · neue Arbeitsformen · neue Organisationsformen

5 Zwei Fallbeispiele zu Beschäftigungsverhältnissen:

a Was hältst du von Tims Idee? Kläre Tim über die Einschränkungen und Risiken bei Minijobs auf.

> Tims großer Bruder arbeitete in den Ferien im Gasthof „Bei Dimitri“ als Minijobber. Tim erzählt dir davon und ist begeistert. Er will gar keine Ausbildung mehr machen, sondern sich gleich mit mehreren Minijobs finanzieren.

b Du klärst Tante Susanne und deine Mutter über die Vor- und Nachteile von Zeitarbeit auf.

> Tante Susanne war lange arbeitslos. Jetzt erzählt sie am Kaffeetisch freudestrahlend von ihrem neuen Job bei einer Zeitarbeitsfirma. Sie arbeitet zurzeit in einem Call-Center und vermittelt den Kunden Beratungstermine am Telefon. Deine Mutter ist davon nicht begeistert und schimpft über diese Form der Beschäftigung.

6 Reise gedanklich 100 Jahre in die Zukunft. Was hat sich dann verändert? Welche neuen Technologien gibt es? Warum wurden diese erfunden? Wie hat sich das Berufsleben verändert?
Schreibe einen typischen Tagesablauf im Jahr 2125 auf.

KAPITEL 3

Auf dem Weg in die Ausbildung

Nun ist es nicht mehr lang hin. Für viele beginnt nach diesem Schuljahr der Ernst des Lebens. Ihr beendet eure Schulzeit und startet mit einer Ausbildung.

1. *Welche Situation ist auf dem Bild zu erkennen?*
2. *Wie weit bist du mit deiner Berufsentscheidung?*
3. *Wo siehst du dich in zwei Jahren?*

Sich entscheiden, aktiv werden

M 1 Aussagen von Schülerinnen und Schülern zur Berufswahl

Wie ist das in deiner Klasse? Während die einen ihren Ausbildungsvertrag schon unterschrieben haben, glauben die anderen, dass es noch nicht nötig wäre sich bereits umzusehen. Es ist aber wichtig, sich rechtzeitig zu entscheiden und aktiv zu werden (s. **M 2**). Je früher du dich bewirbst, desto besser sind deine Chancen, deinen Wunsch-Ausbildungsplatz zu bekommen. Wer zuletzt kommt, muss oft nehmen, was übrig ist.

M 2 Ablauf bis zur Berufsausbildung

Orientieren → Entscheiden → Bewerben → Berufsausbildung

Bei diesem Entscheidungsprozess kann dir dein Berufswahlordner helfen. Dein gut geführter Ordner zeigt dir, wo deine Stärken und Schwächen sind, welche Berufe du ausprobiert hast und wie sich dein Berufswunsch gefestigt oder geändert hat. Vielleicht haben dir auch die neuen Informationen aus dem vorherigen Kapitel „Arbeitswelt im Wandel" noch einige Denkanstöße gegeben. Überprüfe, ob dein Wunschberuf noch der gleiche ist oder sich verändert hat.

Gut ist es auch, wenn du einen Plan B hast. Falls es mit dem Traumberuf nichts wird, hast du eine akzeptable Alternative und musst nicht auf Berufe ausweichen, die dich nicht interessieren.

Auch wenn du dich für einen Wunschberuf entschieden hast, gibt es noch viel zu bedenken. Dir muss klar sein:

- Welche schulischen Voraussetzungen hast du?
- Besitzt du die nötigen körperlichen Fähigkeiten für deinen Wunschberuf?
- Passt der Beruf zu deinen Stärken und Schwächen?
- Passt der Beruf zu deinen eigenen Interessen?
- Welche Anforderungen stellt der Beruf an dich?
- Welche Zukunftsaussichten hat man in diesem Beruf?
- Wie kann man sich in dem Beruf fort- und weiterbilden?
- Kennst du die berufsspezifischen Tätigkeiten*?

* **Berufsspezifische Tätigkeiten**
Damit sind Tätigkeiten gemeint, die für diesen Beruf besonders charakteristisch und typisch sind.

M 3 Berufsspezifische Tätigkeiten von zwei Ausbildungsberufen

Tischler/in

Planungsprogramm bedienen
hobeln
sägen
messen
planen
Maschinen einrichten
schmirgeln
verzapfen
konstruieren
dübeln
schrauben
anreißen
verleimen
bohren
feilen
montieren
lasieren
entwerfen

Kaufmann/frau für Büromanagement

Konferenzräume herrichten
ordnen
organisieren
tippen
Termine ausmachen
Lagerbestände überwachen
ablegen
Akten anlegen
schreiben
telefonieren
Aufträge bearbeiten
Belege erfassen
verwalten
koordinieren
Präsentationen erstellen

Wenn du deinen Wunschberuf gefunden hast, musst du noch einen passenden Ausbildungsbetrieb suchen. Bedenke dabei:

- An welchen Orten findet die Ausbildung statt?
- Wie kannst du den Ausbildungsort erreichen?
- Wie läuft die Ausbildung ab?
- Wer bildet dich aus?
- Welche Berufsschule wirst du besuchen?
- An welchem Ort befindet sich die Berufsschule?

1 **a** Diskutiert in der Klasse die Aussagen von **M 1**.
b Wo stehst du? Sprich mit deinen Klassenkameraden mit der Kugellagermethode (s. Seite 40) darüber.

2 Ergänze deinen Berufswahlordner mit aktuellen Dokumenten (Zeugnisse, Bescheinigungen, Berufswahltests ...).

3 Was ist dir schon klar? Finde Antworten zu den Fragen auf dieser Seite.

4 Erstelle eine eigene Wortwolke zu deinem Wunschberuf (siehe **M 3**).

Das Kugellager ist eine Methode, mit der es euch möglich ist, eure Meinung mit der ganzen Klasse zu teilen. Ihr kommt mit vielen Mitschülern und Mitschülerinnen ins Gespräch, redet jedoch immer nur mit einer Person gleichzeitig.

1. Schritt: Vorbereitung des Kugellagers

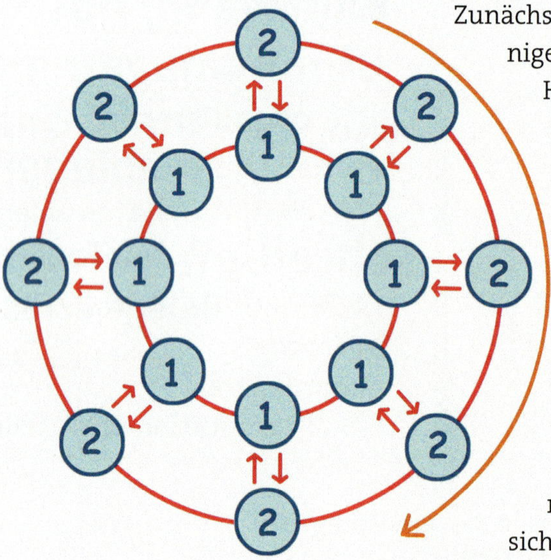

Zunächst müsst ihr euch in der Klasse auf ein Thema einigen, das ihr im Kugellager besprechen wollt. Hierzu eignen sich zum einen alle Themen, zu denen man eine eigene Meinung haben kann. Aber auch erarbeitete Unterrichtsinhalte können im Kugellager gut weitergegeben werden. Eine wichtige Voraussetzung für die Durchführung dieser Methode ist, dass ihr eine gerade Anzahl an Teilnehmern habt, denn jeder braucht immer eine Gesprächspartnerin bzw. einen Gesprächspartner.

Bildet zwei Sitzkreise, einen Außen- und einen Innenkreis. Die Stühle stehen dabei so, dass sich die Personen anschauen können. Verteilt euch nun auf die Sitzplätze.

2. Schritt: Durchführung des Kugellagers

Einigt euch vor Beginn noch auf einige Gesprächsregeln, z. B.:

- Im Zweiergespräch redet immer nur einer.
- Wir sprechen nur zum Thema.
- Wir sprechen alle in einer angemessenen Lautstärke.
- Wir bleiben höflich, auch wenn wir anderer Meinung sind.
- Meine Partnerin bzw. meinen Partner lasse ich immer ausreden.

Jetzt kann es losgehen. Eure Lehrkraft gibt mit einem akustischen Signal das Gespräch frei. Du besprichst nun mit deinem Gegenüber das Thema und ihr tauscht eure Informationen oder Meinungen aus.

METHODE

Nach einer vorgegebenen Zeit beendet eure Lehrkraft erneut mit einem akustischen Signal diese Phase. Die Schülerinnen und Schüler des Außenkreises rutschen daraufhin einen Platz im Uhrzeigersinn weiter. Alle anderen bleiben sitzen. Dann kannst du mit deiner neuen Partnerin bzw. mit einem neuen Partner wieder über das Thema diskutieren.

Die Plätze werden solange gewechselt, bis man wieder bei seinem ersten Gegenüber ankommt.

3. Schritt: Zusammentragen der Ergebnisse

Je nachdem, was euer Thema war, ist es nun wichtig, die Ergebnisse eurer Gesprächsrunden festzuhalten. Dafür geeignet ist:

- eine Zusammenfassung im Klassengespräch
- ein Plakat
- eine Präsentation am Computer
- eine Collage
- eine Broschüre
- ein Flyer
- ...

Mögliche Variation des Kugellagers

Je nach Thema kann man die Methode Kugellager auch abwandeln: Bei dieser Variante sitzt ihr nicht im Kreis, sondern sitzt euch an Tischen gegenüber. Das ermöglicht euch, während der Gespräche Notizen zu machen. Deshalb ist diese Variante eher für Themen geeignet, die umfangreicher und komplexer sind. Hier werden ebenfalls, wie oben beschrieben, die Plätze nach einer vorgegebenen Zeit gewechselt.

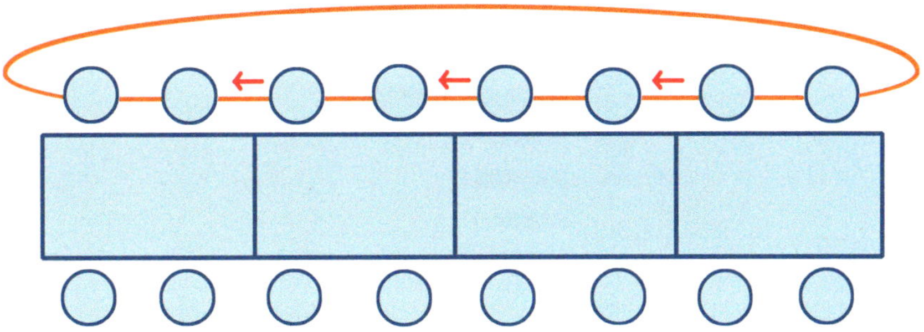

M 1 Berufliche Weiterbildung

Joker in der Gehaltsverhandlung

Weiterbildung ist nicht nur etwas für Aufsteiger. Im Job auf dem Laufenden zu bleiben oder etwas völlig Neues zu lernen, kann beruflich notwendig sein – und bringt Arbeitnehmern Vorteile. Auch dann, wenn es ums Geld geht.

Der typische Weiterbildungsteilnehmer ist Studien zufolge jung, männlich und aufstiegswillig. Doch: „Weiterbildung ist grundsätzlich für jeden etwas, egal wie jung oder alt. Gerade in heutigen Zeiten angesichts des Fachkräftemangels und des demografischen Wandels ist es unerlässlich, am Ball zu bleiben", sagt Alrun Jappe, zuständig für das Thema Weiterbildung bei der Stiftung Warentest. [...]

In Zeiten rasanten technischen Fortschritts und zunehmender Globalisierung wird von Arbeitnehmern erwartet, dass sie sich fortbilden und sich neuen Anforderungen anpassen – beispielsweise indem sie entsprechende Infoveranstaltungen besuchen, wenn sich die rechtlichen Rahmenbedingungen in ihrem Fachgebiet geändert haben.

Diese sogenannte „Anpassungsfortbildung" gehört, gerade für jüngere Arbeitnehmer, mittlerweile zum beruflichen Alltag. Die Hälfte aller Deutschen zwischen 18 und 65 Jahren hat [einer Umfrage zufolge] 2016 an einer Weiterbildung teilgenommen. „Was Weiterbildung konkret bringt, lässt sich kaum messen. Aber weil es heute einen Job auf Lebenszeit nur noch in den seltensten Fällen gibt, ist sie für alle empfehlenswert", sagt Jappe.

Das heißt auch: Weiterbildung ist weder ein Makel, der womöglich auf Wissenslücken verweist, noch eine elitäre Veranstaltung für Streber. Weiterbildung kann schlicht größere Arbeitsplatzsicherheit bedeuten und darüber hinaus Freude am Bewältigen neuer Herausforderungen und persönliche Weiterentwicklung mit sich bringen. Das eröffnet nicht nur neue Möglichkeiten innerhalb des Unternehmens – sei es die Chance auf Beförderung oder mehr Gehalt –, sondern steigert auch den eigenen Wert auf dem Arbeitsmarkt. [...]

Und auch für Beschäftigte in eher schwierigen Situationen kann eine passende Weiterbildung von hoher Bedeutung sein: Arbeitslosen oder Müttern beziehungsweise Vätern, die nach längerer Elternzeit wieder den Anschluss schaffen wollen, kann sie den Wieder- oder Quereinstieg in einen anderen Beruf ermöglichen.

Es entwickeln sich immer wieder neue Berufsfelder oder Spezialisierungen, für die es nicht gleich eine mehrjährige Ausbildung braucht, die man sich aber über eine Weiterbildung erschließen kann. Energieberater beispielsweise sind ein relativ neues Berufsbild, das erst in den vergangenen Jahren entstanden ist, als die bessere Wärmedämmung von Gebäuden verstärkt in den Blick geraten ist. So kann einem Weiterbildung einen ganz neuen Job einbringen.

*Sabrina Ebitsch: Berufliche Weiterbildung Joker in der Gehaltsverhandlung, 15.11.2017, www.sueddeutsche.de, Zugriff 30.6.2020, ****

M 2 Gründe für eine Weiterbildung

M 3 Svens Berufsweg

Sven hat eine Ausbildung zum Maurer abgeschlossen. Die körperlich anstrengende Arbeit im Freien hat ihm Spaß gemacht, weil er am Ende des Tages sehen konnte, was er geleistet hat. Nach einigen Jahren Berufserfahrung hat er nach einer neuen Herausforderung gesucht. Er absolvierte bei der Industrie- und Handelskammer seine Weiterbildung zum geprüften Polier. Seine langjährige Berufserfahrung half ihm bei seinen neuen Aufgaben als Leiter der Baustelle. Er wies seinen Mitarbeitern die Aufgaben zu, überwachte den Baufortschritt und konnte selbst noch auf der Baustelle aktiv sein.

Durch große gesundheitliche Probleme war Sven gezwungen, sich beruflich neu zu orientieren. So machte er sein Hobby zum Beruf. In einer Umschulungsmaßnahme ließ er sich zum Konditor ausbilden. Hier kann er jetzt seine kreative Ader ausleben und den Kundenwünschen entsprechende Torten anfertigen. Seine neuste Idee ist eine Fortbildung zum Thema Speiseeis. Auch sein Chef würde dies unterstützen, weil er damit das Angebot seiner Konditorei erweitern könnte.

1 Lest **M 1** durch, klärt unbekannte Begriffe und notiert die Kernaussagen zu jedem Absatz.

2 **a** Analysiert die Grafik **M 2** gemeinsam in der Klasse.
b Nenne deiner Partnerin oder deinem Partner die zwei Gründe für Weiterbildungen, die dir am wichtigsten sind.

3 **a** Beschreibe Svens Berufsweg in eigenen Worten. **M 3** und der Text auf dieser Seite helfen dir.
b Finde eine Person, die sich beruflich verändert hat. Erstelle ein ähnliches Bild wie **M 3** in Form einer Collage für diese Person. Stellt eure Ergebnisse in der Klasse vor.

Welche Anforderungen kommen im Betrieb auf mich zu?

M1 Lea macht sich viele Gedanken

Was wird die neue Chefin wohl von mir erwarten?

???

Ob ich in der Berufsschule mitkomme?

Hoffentlich komme ich gut mit meinen neuen Kollegen klar.

Teamarbeit fand ich ja schon immer gut. Ob ich das auch im neuen Betrieb brauche?

So wie Lea geht es vielen Schülerinnen und Schülern, die kurz vor einer großen Veränderung stehen. Auch von euch werden die meisten ab nächstem Schuljahr eine Ausbildung machen. Dort hat man es mit ganz vielen unterschiedlichen Menschen und Charakteren zu tun. Die Aufgaben, die ihr nun bewältigen müsst, sind ganz anders, als ihr es bisher aus der Schule gewohnt seid. Vielleicht habt ihr schon beim Schreiben eurer Bewerbung gemerkt, dass hier immer wieder Worte wie Teamfähigkeit, Pünktlichkeit und Zuverlässigkeit auftauchen. Meistens stehen auch in der Stellenausschreibung schon Eigenschaften, die man haben muss und Eigenschaften, die man haben kann. Das erkennst du an solchen Formulierungen wie sie in **M2** stehen.

M2 Muss- und Kann-Anforderungen

Muss-Anforderungen	Kann-Anforderungen
... setzen wir voraus.	... sind erwünscht.
Berücksichtigt werden nur ...	Von Vorteil sind ...
Unbedingt notwendig sind ...	... runden ihr Profil ab.
Zwingend erforderlich ist ...	... sind wünschenswert.
... ist Voraussetzung.	Idealerweise ...
Wir erwarten ...	... jedoch keine Bedingung.
Sie besitzen ...	... sehen wir gerne

Hat es mit der Bewerbung geklappt, stellen sich viele die Frage: Was erwartet eigentlich der neue Chef oder die neue Chefin von mir? Sicherlich geht es dabei noch nicht darum, dass du fachlich schon alles kannst und weißt. Tatsächlich gibt es aber einige Kompetenzfelder, die fast jeder Betrieb von seinen Auszubildenden erwartet.

M 3 Kompetenzfelder für Azubis

Soziale Kompetenz	Persönliche Kompetenz	Fachliche Kompetenz
▪ Teamfähigkeit ▪ kommunikative Kompetenz ▪ Konfliktfähigkeit ▪ Kritikfähigkeit ▪ Toleranz ▪ ...	▪ Leistungsbereitschaft ▪ positive Einstellung zur Arbeit ▪ Zuverlässigkeit und Verantwortungsbewusstsein ▪ Belastbarkeit und Konzentrationsfähigkeit ▪ Zielstrebigkeit ▪ Fähigkeit planvoll zu arbeiten ▪ ...	▪ Beherrschung der Grundrechenarten ▪ Beherrschung der Grundlagen der deutschen Sprache (Wort und Schrift) ▪ Computer- und Sprachkenntnisse ▪ ...

Wenn du dann kein Azubi mehr bist, sondern Arbeitnehmer oder Arbeitnehmerin, kommen zu diesen Kompetenzen natürlich noch die fachlichen Inhalte des jeweiligen Berufs dazu. Je länger man in einem Beruf arbeitet, desto mehr Erfahrung kann man sammeln. Dazu gehört auch, dass man sich stets weiterbildet und so auf dem neuesten Stand bleibt. Oft hängt auch die Höhe des Gehalts davon ab, wie gut man qualifiziert ist. Doch egal ob Azubi oder langjähriger Arbeitnehmer, drei Schlagworte sind aus unserer heutigen Arbeitswelt nicht mehr wegzudenken: Mobilität, Flexibilität, Qualifizierung.

> ***„Es ist nicht genug zu wissen, man muss es auch anwenden. Es ist nicht genug zu wollen, man muss es auch tun.“***
>
> *Johann Wolfgang von Goethe, deutscher Dichter, aus: Wilhelm Meisters Wanderjahre*

1 Erstelle für deine eigene Situation ein Bild wie **M 1**. Was geht dir durch den Kopf?

2 **a** Erkläre **M 2** mit eigenen Worten.

b Schreibe mit deiner Lernpartnerin oder deinem Lernpartner selbst eine Stellenausschreibung für einen Beruf eurer Wahl. Achtet auf Muss- und Kann-Anforderungen (**M 2**).

3 Erstelle deine eigene Kompetenztabelle M 3. Du kannst zusätzlich auch deinen Kompetenzstern anlegen (siehe Anhang, S. 130).

Welcher Beruf passt zu mir?

M1 Wegweiser zum Beruf

Mit deinem mittleren Abschluss der Mittelschule stehen dir in beruflicher Hinsicht sehr viele Wege offen. Durch diesen Abschluss kannst du dich in Bereichen bewerben, die mit dem qualifizierenden Abschluss der Mittelschule nicht möglich gewesen wären.

Jeder Beruf hat andere Anforderungen und Herausforderungen. Herauszufinden, welcher der vielen Ausbildungsberufe zu einem passt, ist wahrscheinlich die schwierigste Aufgabe für einen Jugendlichen. Deshalb gibt es viele Menschen, die es sich zur Aufgabe gemacht haben, dich bei der Berufswahl zu unterstützen und mit dir zusammen einen für dich geeigneten Ausbildungsplatz zu finden. Ein wichtiger Baustein ist hierbei deine zuständige Berufsberatung.

Außer dem persönlichen Gespräch bietet das Berufsinformationszentrum (BIZ) auch die Möglichkeit, sich vor Ort oder im Internet zu informieren.

M2 Der Ablauf bis zum persönlichen Beratungsgespräch

1 Erkläre die verschiedenen Farben der Schilder in M1.

2 a Recherchiere für deinen Wunschberuf bzw. deine Wunschberufe die Anforderungen und benötigten Qualifikationen.

b Fertige für deinen Wunschberuf bzw. deine Wunschberufe ein Kompetenzprofil mit den berufsspezifischen Anforderungen an (Methode siehe Anhang S. 128).

c Welche Konsequenzen ergeben sich daraus für deine Berufswahl? Dokumentiere das in deinem Berufswahlordner.

M 3 Welche Ausbildungsberufe gibt es hier in meiner Region?

SCHWEINFURTER MORGENPOST

Du suchst eine anspruchsvolle und abwechslungsreiche Tätigkeit, arbeitest gerne mit Menschen und möchtest dich stetig weiterentwickeln? Dann starte bei uns in der **TIP-Bank** deine **Ausbildung zum Bankkaufmann** (m/w/d)

Wir erwarten:

- Kommunikationsfähigkeit
- Interesse am wirtschaftlichen Bereich
- Einen mittleren Abschluss

WIR BILDEN AUS

Kaufmann/-frau für Büromanagement (m/w/d)

Hast du schon darüber nachgedacht, was du nach deiner Schulzeit machen möchtest? Wie wäre es mit einer Ausbildung bei uns?

Das bringst du mit:

- Qualifizierender Abschluss der Mittelschule
- Teamfähigkeit
- Grundlegende Computerkenntnisse

NACHWUCHS GESUCHT!

Die Neue Klinik in Schweinfurt sucht
Auszubildende zur/zum Kauffrau/-mann (m/w/d) im Gesundheitswesen.
Voraussetzungen:

- Guter mittlerer Schulabschluss oder
- Quali mit abgeschlossener Berufsausbildung mit gutem Erfolg
- Lern- und Leistungsfähigkeit
- Freundlichkeit und Verantwortungsbewusstsein

Patrizia sucht einen Ausbildungsplatz im kaufmännischen Bereich in ihrer Region. Zu Beginn des Schuljahres ist sie von der Regelklasse in die M-Klasse übergetreten. Dadurch bieten sich ihr nun neue Möglichkeiten bei der Berufswahl. Sie ist 16 Jahre alt und hat noch keinen Führerschein. Deshalb ist es für sie besonders wichtig, die Arbeitsstelle leicht mit öffentlichen Verkehrsmitteln erreichen zu können. Sie sieht sich für ihre Suche die Stellenanzeigen der regionalen Tageszeitung an (**M 3**) und markiert in Frage kommende Ausbildungsstellen. Zusätzlich recherchiert sie im Internet nach geeigneten Angeboten, z. B. bei der Jobbörse der Agentur für Arbeit.

3 Warum hat Patrizia die Stellenanzeigen **M 3** unterschiedlich markiert?

4 Recherchiere für deinen Wunschbereich Ausbildungsstellen in der regionalen Tageszeitung und im Internet.

5 Dein persönlicher Lebensplanentwurf hat Auswirkungen auf deine Berufswahl.

a Führe die Methode Lebensrad durch (s. S. 48/49).

b Erläutere, welche Auswirkungen dein Lebensplanentwurf auf deine Berufswahl hat.

c Gibt es Hindernisse, warum manche Stellenangebote für dich momentan nicht in Frage kommen? Wie kannst du sie evtl. beseitigen?

Das Lebensrad ist eine Möglichkeit, sich über sein weiteres Leben in strukturierter Form Gedanken zu machen. Ihr steht gerade kurz vor einem wichtigen neuen Lebensabschnitt. Deshalb ist es gut, über die eigene Zukunft nachzudenken.
Hier findet ihr eine allgemeine Anleitung für die Anfertigung eines Lebensrads. Man kann dieses Rad auch weiter spezialisieren oder auf andere Themen übertragen.

1. Schritt: Anfertigung der Vorlage

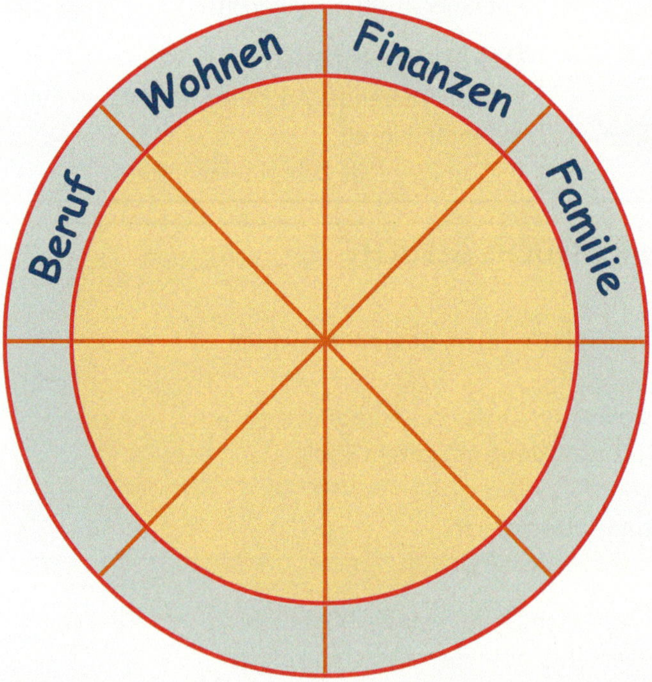

Du benötigst:
- einen DIN-A4- Bogen Papier
- einen Zirkel
- Buntstifte in acht verschiedenen Farben

So gehst du vor:
- Zeichne auf den Bogen Papier zwei Kreise mit gleichem Mittelpunkt. Der äußere Kreis hat einen Radius von 8 cm, der innere hat einen Radius von 6,5 cm.
- Teile den Doppelkreis in acht Kreissegmente (s. Beispiel)
- Beschrifte die so entstandenen Segmente mit wichtigen Schlagworten, die für dein Leben wichtig sind. Das könnten zum Beispiel sein: Finanzen, Wohnen, Familie, Beruf, Freizeit, Gesundheit, Freunde, Erfolg

2. Schritt: Vorbereitung zum Ausfüllen des Lebensrads

Nun folgt die eigentliche Arbeit. Mache dir zu den Schlagworten, die du in dein Lebensrad geschrieben hast, ausführlich Gedanken. Stelle dir diese Fragen:
- Was gehört für mich zu diesem Punkt?
- Was erwarte ich zu diesem Punkt für mein Leben?
- Wie wichtig ist mir dieses Thema im Gegensatz zu anderen Gebieten?

Notiere deine Antworten
dazu zum Beispiel in Form ...
- eines Clusters
- einer Mindmap
- einer Tabelle

So könnte ein Cluster aussehen:

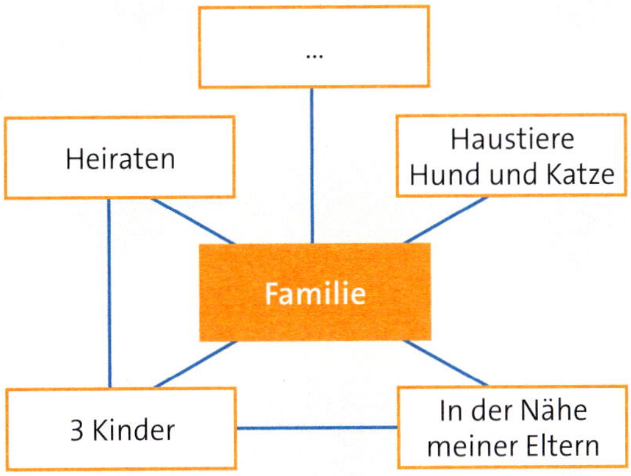

3. Schritt: Ausfüllen des Lebensrads

In diesem Schritt überträgst du deine Überlegungen aus Schritt 2 stichpunktartig in das dazu gehörende Kreissegment deines Lebensrads. Male mit den verschiedenen Farben die jeweiligen Segmente nach Wichtigkeit an. Dabei gilt: Je wichtiger dir ein Thema ist, desto weiter nach außen geht die Farbe. Das kann z. B. so aussehen:

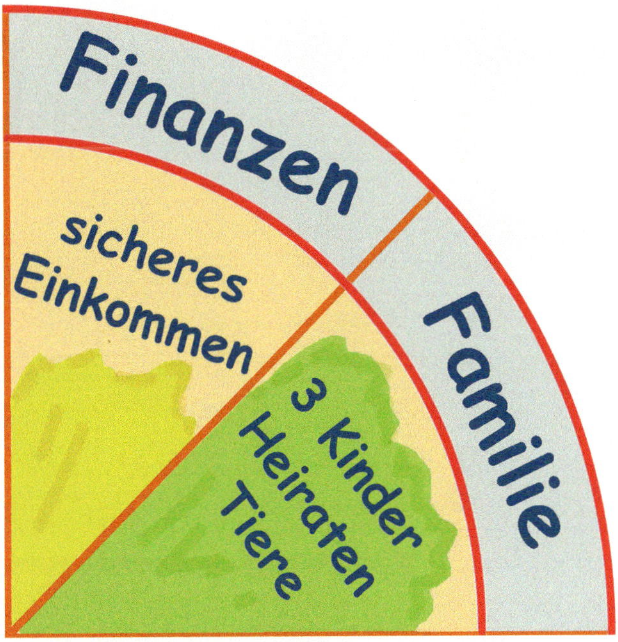

4. Schritt: Auswertung des Lebensrads

Als letztes darfst du dein Lebensrad noch auswerten. Betrachte dein Lebensrad und lies die drei Bereiche ab, die dir am wichtigsten sind. Suche dann den Punkt, der dir momentan noch am unwichtigsten erscheint. Überlege dir, welche Auswirkungen deine momentanen Prioritäten auf deine Berufswahl haben könnten.
Tausche dich dann innerhalb deiner Klasse darüber aus. Dies kann z. B. durch ein Partnergespräch erfolgen. Auch das Kugellager (s. Seite 40) bietet sich hierfür an.
Hefte das Lebensrad nun in deinen Berufswahlordner ab. Interessant ist es, das Rad nach einiger Zeit noch einmal zu erstellen und zu sehen, wie sich die Prioritäten verschoben haben.

Eine Kurzbewerbung schreiben

Um deinen bisherigen Berufswunsch zu überprüfen ist es sinnvoll, ein Praktikum zu machen. Dabei kannst du ganz praktisch erkennen, ob die berufsspezifischen Tätigkeiten dir liegen. Dies kann in Form eines Ferienpraktikums erfolgen, du machst aber auch während der Schulzeit ein einwöchiges Betriebspraktikum.

Viele Firmen wollen auch für deine Bewerbung für einen Praktikumsplatz Bewerbungsunterlagen von dir sehen. Der Chef oder die Chefin möchte einen ersten Eindruck von dir bekommen und sehen, ob du zum Betrieb passt. Dabei reicht meist eine gekürzte Form der ausführlichen Bewerbungsunterlagen aus. Bei der Kurzbewerbung sind, im Unterschied zur normalen Bewerbung, nur ein Anschreiben und der Lebenslauf nötig.

Patrizia Wegner
Erich-Kästner-Str. 7
97523 Schwanfeld
Tel.: 0000 0000
E-Mail: patrizia.we

Neue Klinik Schweinfurt
Herrn Günther Gesund
Im Tal 7-11
97424 Schweinfurt

Bewerbung um einen Ausbildungsplatz zur Kauffrau im Gesundheitswesen

Schwanfeld

Sehr geehrter Herr Gesund,

im Ausbildungsmarkt der Schweinfurter Morgenpost habe ich Ihre Anzeige gelesen, in dungsplatz zur Kauffrau im Gesundheitswesen zum 01.08.2021 anbieten. Ich habe im Praktikum bei Ihnen absolviert und dabei festgestellt, dass mir diese Ausbildung sehr Auch das Arbeitsklima in Ihrem Betrieb war sehr angenehm. Deshalb bewerbe ich mic sen Ausbildungsplatz.

Der Beruf der Kauffrau im Gesundheitswesen interessiert mich, weil mir der direkte K wichtig ist und ich damit einen Beitrag im Gesundheitswesen leisten kann. Mir ist be besonders verantwortungsvolle Arbeit ist, bei der mit sensiblen Daten umgegangen in der Schülerfirma „Farbklecks" unserer Mittelschule habe ich den Bereich Buchführ übernommen, da mir der Umgang mit Zahlen schon immer liegt.

Zurzeit besuche ich die Albert-Einstein-Mittelschule in Schwanfeld, die ich im Somm dem mittleren Abschluss der Mittelschule erfolgreich abschließen werde.

Über eine Einladung zu einem persönlichen Gespräch freue ich mich sehr.

Mit freundlichen Grüßen
Patrizia Wegner

Anlagen
Lebenslauf mit Foto
Zeugniskopien
Praktikumsbescheinigungen

Lebenslauf

Persönliche Daten

Name:	Patrizia Wegner
Anschrift:	Erich-Kästner-Str. 7 97523 Schwanfeld
Telefon:	0000 0000
E-Mail:	patrizia.wegner@muster.de
Geburtsdatum:	04.04.2004
Geburtsort:	Schweinfurt
Staatsangehörigkeit:	deutsch

Schulbildung

Abschluss:	mittlerer Abschluss der Mittelschule
09/2015 – 07/2021	Albert-Einstein-Mittelschule Schwanfeld
09/2011 – 07/2015	Albert-Einstein-Grundschule Schwanfeld

Praktische Erfahrungen

10/2020	einwöchiges Betriebspraktikum in der Verwaltung der Neuen Klinik, Schweinfurt
03/2020	Praktikumswoche als Fachinformatikerin bei Computer on, Werneck
08/2019	Praktikumswoche als Elektrikerin bei Elektro Amir, Grafenrheinfeld
12/2017	Orientierungswoche in der Innung

Interessen und Kenntnisse

Lieblingsfächer:	Mathematik, Wirtschaft und Kommunikation, Sport
Fremdsprachen:	Englisch (Schulkenntnisse)
IT-Kenntnisse:	Grundkenntnisse in Textverarbeitung und Tabellenkalkulation
Persönliche Stärken:	Organisationstalent, Verantwortungsbewusstsein
Hobbys:	Jugendrotkreuz Grettstadt, Fahrrad fahren Schülerfirma „Farbklecks"

Schwanfeld, 07.12.2020
Patrizia Wegner

M 1 Die Kurzbewerbung

Darauf kommt es bei deiner Kurzbewerbung an:
- Achte auf korrekte Rechtschreibung.
- Ein Blatt (DIN-A-4-Seite) für das Anschreiben verwenden.
- Ein zweites Blatt (DIN-A-4-Seite) für den Lebenslauf verwenden.
- Das Anschreiben muss zu dem Betrieb passen.
- Das Anschreiben und der Lebenslauf müssen ordentlich und sauber aussehen.
- Was beim Anschreiben und Lebenslauf wichtig ist, erfährst du auf den Seiten 58 bis 61.

M 2 Das möchte eine Chefin oder ein Chef aus deinem Bewerbungsschreiben erfahren

- Was möchtest du machen?
- Wie bist du auf den Betrieb aufmerksam geworden?
- Warum willst du dieses Praktikum absolvieren?
- Warum sollte der Betrieb dich nehmen?

M 3 Das muss in deinem Lebenslauf stehen

- Wer bist du?
- Wo lebst du?
- Welche Schulen hast du bisher besucht?
- Welchen Abschluss strebst du an?
- Was sind deine Interessen?

1 Klärt im Klassengespräch, auf was es bei einer Kurzbewerbung (**M 1**) ankommt. Begründet, warum dies so wichtig ist.

2 Beantwortet euch im Partnergespräch die Fragen zum Anschreiben (**M 2**) und zum Lebenslauf (**M 3**), soweit ihr das schon könnt.

M 4 Leittext zur Praktikumsplatzsuche

Szenario: Du wirst demnächst dein erstes Betriebspraktikum absolvieren. Damit das Praktikum für dich möglichst gewinnbringend verläuft, musst du dich im Vorfeld vorbereiten.

Das musst du tun	Erledigt
Berufsfeld festlegen	
Übersicht über die Berufe erstellen, die für dich im Betriebspraktikum in Frage kämen (Berufswahlordner beachten)	
Firmen und Unternehmen heraussuchen, die diese Ausbildungsberufe anbieten und Liste erstellen (achte auf Erreichbarkeit mit öffentlichen Verkehrsmitteln)	
Notizen zur Vorbereitung der Telefongespräche anlegen	
Anrufe bei Firmen tätigen und Liste aktualisieren	
Wunschunternehmen heraussuchen	
über Wunschunternehmen informieren	
Kurzbewerbung für dieses Unternehmen erstellen	
Bewerbungsunterlagen kontrollieren (Vollständigkeit, Rechtschreibung)	
Bewerbung abschicken oder persönlich vorbeibringen	
bei positiver Rückmeldung Lehrkraft informieren bei negativer Rückmeldung selbstständig weiter bewerben	
Dokumentation deiner Praktikumssuche	
Cluster zu Berufsfeld mit in Frage kommenden Berufen	
Liste mit Unternehmen und Kontaktdaten	
Notizen für die Telefongespräche	
Kurzbewerbung	

M Technische Verfahren und die Ausstattung im Betrieb

In Betrieben werden abhängig vom jeweiligen Produkt im Herstellungsprozess unterschiedliche technische Verfahren angewendet. Die einzelnen technischen Verfahren werden mithilfe unterschiedlicher technischer Einrichtungen und Geräte durchgeführt. Im Rahmen deines Betriebspraktikums kannst du diese erkunden. Nicht jedes der sechs technischen Verfahren, die du in der achten Klasse kennengelernt hast, wird in einem einzelnen Betrieb durchgeführt. Manchmal hat ein Betrieb sogar, je nach technischer Ausstattung, unterschiedliche Verfahren und Werkzeuge bzw. Maschinen zur Auswahl. Dann ist es besonders wesentlich, dass Mitarbeiterinnen und Mitarbeiter eine gut begründete und bewusste Auswahl treffen.

M 1 Technische Verfahren und technische Ausstattung im Überblick

		Beispiele technischer Ausstattung in Betrieben	
Technische Verfahren	… werden umgesetzt mit …	**Hotelküche**	**Tischlerei/Schreinerei**
1 Urformen 2 Umformen 3 Trennen 4 Fügen 5 Beschichten 6 Stoffeigenschaften verändern		• Handrührgerät • Küchenmaschine • Kochlöffel • Kochautomat • Messer • Cutter • Mixer • Mikrowelle • Herd/Backofen • Spülmaschine • Spülbecken • …	• Handbohrer • Bohrmaschine • Tischbohrmaschine • Japansäge • Laubsäge • Bandsäge • Schleifmaschine • Schleifautomat • Schleifpapier • Feile • Zeichenbrett • Pinsel • Lackierpistole • …

Aspekte, die ein Betrieb bei der Auswahl der genutzten Geräte vergleichen kann, sind Effizienz, Qualität der entstehenden Produkte, Kosten, Einfachheit der Nutzung oder auch Sicherheit für Mitarbeiterinnen und Mitarbeiter. Je nach technischem Gerät und Arbeitsaufgabe macht es Sinn, in einzelnen dieser Bereiche vor der Auswahl zunächst die Eigenschaften zu vergleichen. Beispielsweise arbeitet bei der Herstellung einer größeren Menge Brotteig eine automatische Teigrührmaschine wesentlich effizienter als ein Handrührgerät. Die Nutzung einer Laubsäge für feine Arbeiten kann schwieriger sein als der Einsatz einer Bandsäge.

1 Betrachte **M 1** genau:

a Wähle aus: Welche technischen Verfahren kannst auch du in den Fächern Ernährung und Soziales bzw. Technik umsetzen? Begründe deine Auswahl.

b Ordne jedem Gerät in der Liste der technischen Ausstattung ein oder mehrere Verfahren zu.

M 2 Mögliche Aspekte zum Vergleich technischer Ausstattungen

Aspekte zum Vergleich	Leitfragen
Effizienz und Zeit	▪ Wie viele Produkte kann man herstellen? ▪ Wie lange dauert der Arbeitsschritt?
Qualität	▪ Wie hoch ist das Risiko Fehler zu machen? ▪ Wie gut ist das spätere Produkt?
Kosten	▪ Wie viel kostet der Einsatz des Geräts? ▪ Wie viel Energie oder Material verbraucht man? ▪ Was kosten die nötige Anschaffung und der Unterhalt?
Nutzung	▪ Wie einfach ist das Gerät zu nutzen? ▪ Wie gut kann man mit dem Gerät umgehen?
Sicherheit	▪ Wie leicht können Unfälle passieren? ▪ Welche (gesundheitlichen) Folgen kann eine (falsche) Nutzung haben?

M 3 Ein Schüler erkundet die Auswahl technischer Geräte im Betrieb

2 Leitfragen helfen bei der Auswahl und Nutzung der technischen Ausstattung im Betrieb. Sammelt passende Situationen zu **M 2** aus euren letzten Praktikumsbetrieben.

3 Erkunde technische Verfahren und die Nutzung der technischen Ausstattung in deinem Praktikumsbetrieb:

a Gestalte eine Tabelle wie in **M 3** zu sehen.

b Beobachte in deinem Praktikumsbetrieb unterschiedliche Verfahren und fülle hierzu deine Tabelle.

c Nutze die Leitfragen (**M 2**) für die Spalte Begründungen.

Praktikumsmappe führen

Die Praktikumsmappe wird vorgezeigt und kontrolliert

Du bist jetzt fast startklar für dein Betriebspraktikum. Dir fehlt jedoch noch eine Möglichkeit, dein Betriebspraktikum zu dokumentieren, so dass es dir am Ende auch Erkenntnisse bringt. Deshalb lernst du hier, wie man eine Praktikumsmappe anlegen und ordentlich führen kann.

Auch während deiner Ausbildung musst du ein Berichtsheft führen, das der Praktikumsmappe sehr ähnlich ist. Darum ist diese Mappe eine gute Gelegenheit, dies schon einmal zu üben.

1. Schritt: vor dem Praktikum – Mappe anlegen

Einigt euch in der Klasse auf eine gemeinsame Gestaltungsform (handschriftlich oder am PC erstellt, Heft, Schnellhefter oder Ordner).

Leg zuerst ein Deckblatt an, auf dem dein Name, der Name deiner Schule und der Name des Praktikumsbetriebs stehen.

Danach erstellst du ein Inhaltsverzeichnis. Klärt dafür in der Klasse mit eurer Lehrkraft, was die Praktikumsmappe enthalten soll. Ein mögliches Inhaltsverzeichnis könnte sein:

- Persönliche Angaben
- Angaben zum Betrieb
- Tätigkeitsnachweise
- Wochenrückblick/Reflexion
- Anhang (Fotos, Prospekte, Flyer ...)

METHODE

2. Schritt: vor dem Praktikum – Informationen zusammenstellen

Erstelle für deine Praktikumsmappe eine Seite mit deinen persönlichen Angaben (Kontaktdaten, Allergien, Unverträglichkeiten, körperliche Einschränkungen, Kontaktdaten der Eltern und der Schule ...).
Notiere auf dem nächsten Blatt alle wichtigen Daten zu deinem Praktikumsbetrieb (Kontaktdaten, Ansprechpartner, Praktikumszeitraum, Arbeitszeiten, Anfahrt ...).

3. Schritt: während des Praktikums – Notizen anfertigen, Bericht schreiben

Notiere dir im Betrieb regelmäßig deine von dir ausgeführten Tätigkeiten. Das kannst du am besten in der Pause oder direkt nach Arbeitsende tun. Bringe deine Notizen jeden Abend in Reinform. Beachte, dass deine Lehrkraft und der Betrieb sich die Mappe jederzeit zeigen lassen können. Sie muss daher immer mitgeführt werden und auf dem neusten Stand sein. Falls es erlaubt ist, dokumentiere deine Arbeit gelegentlich mit einem Foto. Halte auch Ausschau nach Prospekten für deine Mappe.

4. Schritt: nach dem Praktikum – Auswertung

Gestalte als Rückblick auf deine Praktikumswoche einen Reflexionsbogen. Die Form darfst du selbst wählen (Mindmap, Tabelle, Stichpunktliste ...).
Folgende Fragen solltest du auf dem Reflexionsbogen beantworten:
- Was hast du gelernt?
- Was hat dir gefallen?
- Was war anders als erwartet?
- Ist der Beruf für dich immer noch aktuell?
- Welche Auswirkungen auf deine Berufswahl hat das Praktikum?
- Welche neuen Fähigkeiten an dir hast du entdeckt?

Füge deinem Anhang nun z. B. Fotos, Flyer usw. hinzu und prüfe deine Mappe auf Vollständigkeit.

Praktikanten in einer Schreinerei

M Auswertung und Präsentation des Praktikums

Antonio hat sein Betriebspraktikum als tiermedizinischer Fachangestellter in einer Kleintierpraxis gemacht. Die Tätigkeiten, der Umgang mit Tieren und Menschen und das Arbeitsklima haben ihm sehr gut gefallen. Jedoch musste er am vierten Tag feststellen, dass seine Augen immer mehr tränten und rot wurden. Er bekam Ausschlag. Der Tierarzt hat ihn darauf hingewiesen, dass er einen Allergietest machen sollte. Dieser Test bei der Hautärztin hat nachgewiesen, dass er eine Allergie gegen Tierhaare hat. Das ist ein großes Hindernis für diesen Ausbildungsberuf. Trotzdem ist Antonio froh, dass er dieses Praktikum absolviert hat, da eine Ausbildung in der Tierarztpraxis sein großer Wunsch war. Nun muss er sich neu orientieren. Jetzt hat er noch Zeit genug, sich in anderen Bereichen umzusehen und eine Alternative zu suchen.

Bei diesem Beruf darf man keine Höhenangst haben

So wie es Antonio passiert ist, kann es auch dir leicht passieren, dass sich dein absoluter Traumberuf im Praktikum als für dich ungeeignet erweist. Dabei müssen es nicht immer nur so offensichtliche Hindernisse sein. Auch viele kleine Hindernisse können zusammen dafür sorgen, dass du dich besser nach einer Alternative umsiehst.

Deshalb ist die genaue und ehrliche Auswertung des Praktikums besonders wichtig. Du musst zwei Dinge getrennt betrachten:

- Ist dieser Ausbildungsberuf der richtige?
- Ist dieser Betrieb der richtige?

M1 Hindernisse bei der Berufswahl

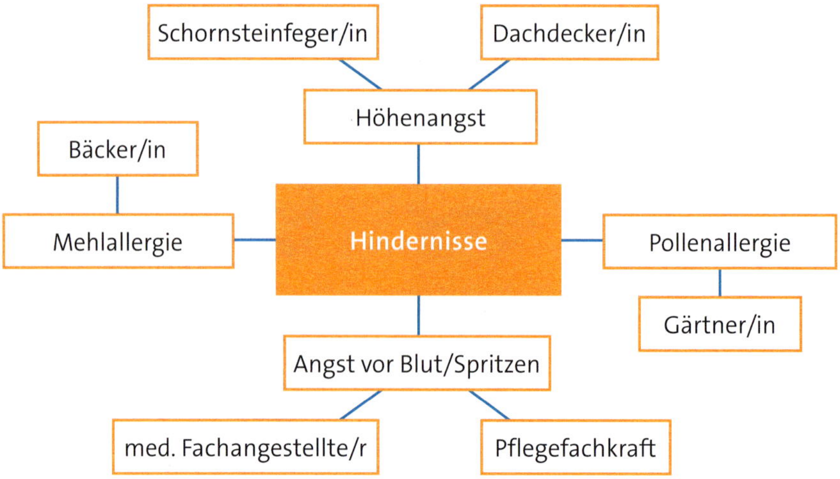

Damit nicht nur du von deinem Praktikum profitierst, sollst du deinen Betrieb und deine Erlebnisse der Klasse präsentieren. Dadurch erhalten alle in deiner Klasse einen guten Überblick über verschiedene Betriebe und Ausbildungsberufe in eurer Region.

M 2 Während einer Präsentation

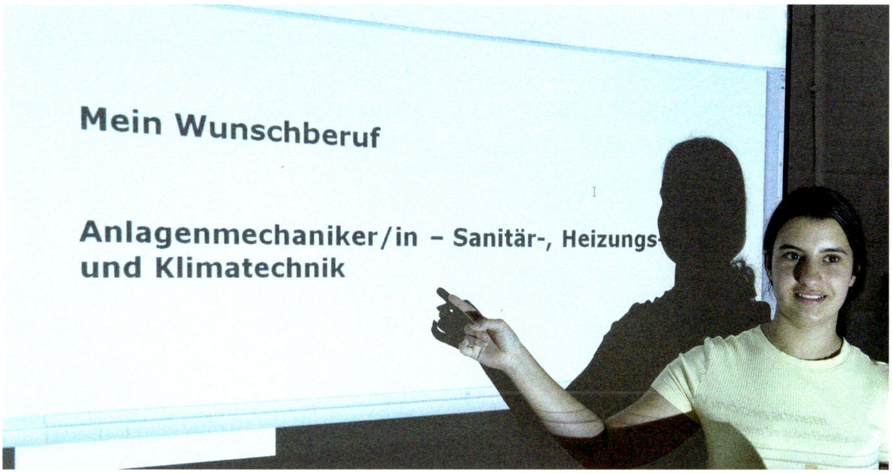

M 3 Leitfragen für die Präsentation des Praktikums

- In welchem Betrieb war ich?
- Welche Berufe habe ich kennen gelernt?
- Welche Tätigkeiten konnte ich ausüben?
- Was habe ich während des Praktikums gelernt?
- Was waren die fünf besten Momente im Praktikum?
- Was hat mir nicht gefallen?
- Was war anders als erwartet?
- Könnte ich mir diesen Ausbildungsberuf immer noch vorstellen?
- Was spricht für oder gegen diesen Betrieb als Ausbildungsbetrieb?
- Gab es Hindernisse, die diesen Beruf für mich unmöglich machen?
- Worin muss ich noch besser werden, damit ich diese Ausbildung erreichen kann?
- Passt der Beruf in meinen Lebensplan?
- Was war für mich der größte Unterschied zur Schule?
- ...

1 Beschreibe, wie es Antonio in seinem Praktikum erging (Text Seite 56).

2 Welchen Hindernissen bist du im Praktikum begegnet? Ergänze weitere zu **M 1** in deinem Heft.

3 Stelle der Klasse dein Betriebspraktikum vor. Orientiere dich an den Leitfragen **M 3**. Erstelle deine Auswertung mit einem Präsentationsprogramm (S. 16).

M Wie bewerbe ich mich richtig?

Eine gute Bewerbung ist eine Eintrittskarte für deinen Ausbildungsplatz. Denn sich bewerben heißt, für sich werben. Deine Bewerbungsmappe ist oft das Erste, was eine Personalchefin oder ein Personalchef von dir sieht. Anhand dieser Mappe entscheiden sie, ob sie dich zu einem Vorstellungsgespräch oder einem Probearbeiten einladen. Deshalb ist es wichtig, dass du gründlich und sorgfältig arbeitest. Eine vollständige Bewerbungsmappe enthält:

- Bewerbungsanschreiben (siehe Seite 58/59)
- Lebenslauf (siehe Seite 60/61)
- Zeugniskopien (siehe Seite 62)
- Nachweise (Praktikum, besondere Fähigkeiten, soziales Engagement) (siehe Seite 62)
- Deckblatt – optional (siehe Seite 62/63)
- Bewerbungsmappe (siehe Seite 62/63)

M1 Tipps für das Bewerbungsschreiben

Im Anschreiben stellst du dich und deine Stärken dem Ausbildungsbetrieb vor. Es sollte individuell auf den Betrieb und die Stellenanzeige angepasst sein.

Achte darauf ...

- alles sauber, ordentlich, ohne Flecken und Knicke abzugeben
- dass keine Rechtschreibfehler enthalten sind
- dass dein Anschreiben möglichst auf eine Seite passt
- die Kontaktdaten der Firma richtig zu übernehmen
- Titel (wie Dr., Prof., ...) richtig zu verwenden
- eine seriöse E-Mail-Adresse für deine Bewerbung einzurichten
- das aktuelle Datum einzusetzen
- das Anschreiben individuell zu gestalten
- auf die Firma zugeschnittene Informationen zu verwenden
- die Anforderungen in der Stellenanzeige in deinem Anschreiben zu belegen
- handschriftlich mit Vor- und Nachnamen zu unterschreiben

Das muss dein Bewerbungsschreiben enthalten:

1. vollständige Adresse mit Kontaktdaten
2. Anschrift des Unternehmens mit Ansprechpartner
3. Betreff
4. Anrede
5. Grund des Anschreibens
6. Deine Eignung
7. Schulabschluss
8. Ausblick und Grußformel

Zur Formatierung

Beachte beim Anschreiben die Regeln für den Aufbau eines Briefs. Achte auf einheitliche Formatierung und Zeilenabstände. Nutze nicht zu viele verschiedene Schriftgrößen und Schriftarten. Die Schriftfarbe sollte schwarz sein. Wichtig ist, dass der Brief gut zu lesen ist.
Wenn du es ganz genau wissen möchtest, frage deine Wirtschaft- und Kommunikation-Lehrkraft. Sie erklärt dir die aktuellen Normen für Geschäftsbriefe.

M2 Ein Bewerbungsschreiben

1

Patrizia Wegner
Erich-Kästner-Str. 7
97523 Schwanfeld
Tel.: 0000 0000
E-Mail: patrizia.wegner@muster.de

2

Neue Klinik Schweinfurt
Herrn Günther Grund
Im Tal 7-11

97424 Schweinfurt

3

Bewerbung um einen Ausbildungsplatz zur Kauffrau im Gesundheitswesen

Schwanfeld, 07.12.2020

4

Sehr geehrter Herr Grund,

5

im Ausbildungsmarkt der Schweinfurter Morgenpost habe ich Ihre Anzeige gelesen, in der Sie einen Ausbildungsplatz zur Kauffrau im Gesundheitswesen zum 01.08.2021 anbieten. Ich habe im Oktober 2020 ein Praktikum bei Ihnen absolviert und dabei festgestellt, dass mir diese Ausbildung sehr gut gefallen würde. Auch das Arbeitsklima in Ihrem Betrieb war sehr angenehm. Deshalb bewerbe ich mich bei Ihnen um diesen Ausbildungsplatz.

6

Der Beruf der Kauffrau im Gesundheitswesen interessiert mich, weil mir der direkte Kontakt mit Kunden wichtig ist und ich damit einen Beitrag im Gesundheitswesen leisten kann. Mir ist bewusst, dass dies eine besonders verantwortungsvolle Arbeit ist, bei der mit sensiblen Daten umgegangen wird. Bei meiner Arbeit in der Schülerfirma „Farbklecks" unserer Mittelschule habe ich den Bereich Buchführung und Marketing übernommen, da mir der Umgang mit Zahlen schon immer liegt.

7

Zurzeit besuche ich die Albert-Einstein-Mittelschule in Schwanfeld, die ich im Sommer nächsten Jahres mit dem mittleren Schulabschluss an der Mittelschule erfolgreich abschließen werde.

8

Über eine Einladung zu einem persönlichen Gespräch freue ich mich sehr.

Mit freundlichen Grüßen
Patrizia Wegner

Anlagen
Lebenslauf mit Foto
Zeugniskopien
Praktikumsbescheinigungen

M 3 Tipps für deinen Lebenslauf

Mit dem tabellarischen Lebenslauf gibst du dem Betrieb genau Auskunft über deine Person und deinen schulischen Werdegang. Achte auf besondere Sorgfalt und einen lückenlosen zeitlichen Ablauf. Wie ein ordentlicher Lebenslauf aussehen kann, siehst du auf der rechten Seite.

1 Persönliche Daten
Die Namen deiner Eltern und Geschwister sind nicht mehr verpflichtend im Lebenslauf einzutragen. Wenn ein Familienmitglied in der Firma arbeitet, bei der du dich bewirbst, ist es aber sinnvoll.

2 Schulbildung
Die Angaben sind immer zeitlich sortiert. Du kannst dabei entweder aufsteigend oder absteigend vorgehen. Geht aus dem Schulnamen nicht eindeutig hervor, um welche Schulart es sich handelt, schreibe dies in Klammern dahinter.

3 Praktische Erfahrungen
Hier gibst du deine Schulpraktika und andere praktische berufliche Erfahrungen an (Ferienjobs, Ferienpraktika, ...).

4 Interessen und Kenntnisse
Im Vorstellungsgespräch werden Interessen und Fähigkeiten oft angesprochen. Übertreibe hier nicht und sei ehrlich. Du musst glaubhaft Auskunft darüber geben können, sonst wird es schnell peinlich für dich. Überlege dir Stärken, die du mitbringst, die aber auch zum Beruf passen.

5 Bewerbungsfoto
Du kannst das Foto in deinen Lebenslauf einfügen. Wenn du eine Bewerbungsmappe verwendest, kannst du das Foto auf dem Deckblatt platzieren. Beim Bewerbungsfoto ist es wichtig, dass es professionell von einer Fotografin oder einem Fotografen erstellt wurde. Lass dir die Fotos vom Fotografen auch als Bilddateien geben. Bilder vom Smartphone oder aus dem Passbildautomaten sind für eine Bewerbung ungeeignet.

1 a Suche dir einen Betrieb heraus, bei dem du dir eine Ausbildung vorstellen könntest. Notiere alle wichtigen Daten des Betriebs.
b Erstelle nach den Vorgaben von Seite 58/59 ein Bewerbungsschreiben.

2 a Notiere alle wichtigen Daten, die für deinen Lebenslauf wichtig sind. Frage bei deinen Eltern nach oder suche die Daten in deinen Aufzeichnungen (Zeugnisse, Berufswahlordner, Praktikumsunterlagen).
b Erstelle nach dem Muster von Seite 60/61 deinen eigenen tabellarischen Lebenslauf.

Lebenslauf

1

Persönliche Daten

5

Name:	Patrizia Wegner
Anschrift:	Erich-Kästner-Str. 7 97523 Schwanfeld
Telefon:	0000 0000
E-Mail:	patrizia.wegner@muster.de
Geburtsdatum:	04.04.2004
Geburtsort:	Schweinfurt
Staatsangehörigkeit:	deutsch

2

Schulbildung

Abschluss:	mittlerer Schulabschluss an der Mittelschule
09/2015 – 07/2021	Albert-Einstein-Mittelschule Schwanfeld
09/2011 – 07/2015	Albert-Einstein-Grundschule Schwanfeld

3

Praktische Erfahrungen

10/2020	einwöchiges Betriebspraktikum in der Verwaltung der Neuen Klinik, Schweinfurt
03/2020	Praktikumswoche als Fachinformatikerin bei Computer on, Werneck
08/2019	Praktikumswoche als Elektrikerin bei Elektro Amir, Grafenrheinfeld
12/2017	Orientierungswoche in der Innung

4

Interessen und Kenntnisse

Lieblingsfächer:	Mathematik, Wirtschaft und Kommunikation, Sport
Fremdsprachen:	Englisch (Schulkenntnisse)
IT-Kenntnisse:	Grundkenntnisse in Textverarbeitung und Tabellenkalkulation
Persönliche Stärken:	Organisationstalent, Verantwortungsbewusstsein
Hobbys:	Jugendrotkreuz Grettstadt, Fahrrad fahren Schülerfirma „Farbklecks"

Schwanfeld, 07.12.2020

Patrizia Wegner

M Verschiedene Formen der Bewerbung

M 1 Bewerbung per Brief mit Bewerbungsmappe

Anschreiben, oben auf der Mappe liegend *Deckblatt* *Lebenslauf* *Anlagen*

Es gibt die verschiedensten Mappen aus unterschiedlichem Material. Die gängigste ist die dreiteilige **Bewerbungsmappe** aus Karton. Grundsätzlich gilt: Die Mappe muss sauber und ordentlich aussehen. Alle Blätter sollten glatt sein und dürfen weder Knicke noch Eselsohren haben. Achte beim Zusammenstellen auf Vollständigkeit. Außen auf die Mappe kommt das Anschreiben. Deine Mappe kann ein Deckblatt enthalten. Das ist aber nicht unbedingt notwendig.

Die Anlagen

Zu den Anlagen gehören:

- deine letzten Zeugnisse
- Bestätigungen deiner Praktika
- ausgewählte, passende Nachweise über besondere Qualifikationen, Teilnahmebescheinigungen, Nachweise über soziales Engagement (z.B. freiwillige Feuerwehr, Jugendbetreuer usw.)

Sortiere die Anlagen jeweils in zeitlicher Reihenfolge ein. Wichtig: Versende keine Originale, sondern nur Kopien!

Der Versand

Du musst dir einen ausreichend großen Briefumschlag besorgen und ihn mit der richtigen Adresse wie im Anschreiben versehen. Vor allem kleine Firmen freuen sich, wenn du deine Unterlagen persönlich vorbei bringst. In allen anderen Fällen versendest du die Bewerbungsmappe per Post. Dazu musst du noch eine Briefmarke mit dem richtigen Porto* kaufen.

* **Porto**. Damit ist die Gebühr gemeint, die man für den Transport eines Briefs zahlen muss. Der Wert des Portos steht auf der Briefmarke. Das Briefporto ist unterschiedlich hoch, je nach Gewicht und Größe des Briefs.

* **Karriere** ist ein anderer Begriff für erfolgreiche berufliche Laufbahn.

M 2 Die Online-Bewerbung

Größere Firmen stellen oft eine Bewerbungsplattform auf ihrer Website zur Verfügung. Du findest sie unter den Stichworten Karriere*, Jobangebote oder Jobs. Du wirst auf der Website durch den Bewerbungsprozess geleitet. Du musst nach den Angeboten für „Schüler/-innen“ bzw. „Ausbildung“ schauen.

In die vorgegebenen Masken trägst du deine Daten ein und sendest diese direkt ans Unternehmen. Deinen Lebenslauf, deine Zeugnisse usw. musst du meist als PDF-Datei hochladen. Dafür ist es gut, diese Dokumente bereits vorher zu scannen und zu speichern.

Bei der Online-Bewerbung bleibt wenig Spielraum für Individualität, da du nur die geforderten Informationen eingeben darfst. Zum Teil enthalten die Bewerbungsplattformen auch kurze Einstellungstests.

M 3 Die E-Mail-Bewerbung

Vor allem große Firmen akzeptieren nur noch Bewerbungen per E-Mail oder über die eigene Bewerbungsplattform.

Die E-Mail-Bewerbung unterscheidet sich von der „normalen“ Bewerbung eigentlich nur darin, dass die Unterlagen nicht mit der Post, sondern per E-Mail geschickt werden. Die angehängten Dokumente müssen mit einem eindeutigen Namen (z.B. Nachname_ Vorname_Lebenslauf) versehen und als PDF-Datei verschickt werden. Anlagen wie Zeugnisse und Praktikumsbescheinigungen musst du scannen und als PDF speichern.

Das Anschreiben kannst du entweder direkt in die E-Mail einfügen oder als Anhang im PDF-Format verschicken. Dann musst du jedoch einen kurzen, förmlichen Text in der E-Mail verfassen. In M 4 siehst du dafür ein Beispiel – die Bewerbung von Seite 59 als E-Mail-Bewerbung.

M 4 Beispiel einer E-Mail-Bewerbung

Verfassen: Bewerbung um einen Ausbildungsplatz

Senden **Antworten** **Weiterleiten** **Speichern**

Von: patrizia.wegner@muster.de
An: personal@neue-klinik.de

Betreff: Bewerbung Ausbildungsplatz

3 Anhänge
- Wegner_Patrizia_Anschreiben.pdf
- Wegner_Patrizia_Lebenslauf.pdf
- Wegner_Patrizia_Zeugnisse.pdf

Sehr geehrter Herr Grund,

in der Wochenendausgabe der Schweinfurter Morgenpost habe ich Ihre Anzeige gelesen, in der Sie einen Ausbildungsplatz zur Kauffrau im Gesundheitswesen zum 01.08.2021 anbieten.

Auf diese Stelle bewerbe ich mich hiermit bei Ihnen. Im Anhang finden Sie mein Anschreiben, Lebenslauf, Zeugnisse und Bescheinigungen.

Mit freundlichen Grüßen
Patrizia Wegner

Erich-Kästner-Str. 7
97523 Schwanfeld
Tel.: 0000 0000
E-Mail: patrizia.wegner@muster.de

Patrizia hat Ihre Zeugnisse, Praktikumsbescheinigung und andere Bescheinigungen in einem PDF-Dokument gespeichert. Das ist für den Betrieb übersichtlich, weil diese Bewerbung insgesamt nur drei Anhänge hat.

1 **a** Besorge dir eine geeignete Bewerbungsmappe (M 1).
b Vervollständige deine Bewerbungsunterlagen.

2 Notiere die Unterschiede zwischen Online- und E-Mail-Bewerbung (M 2–4).

3 Alle drei vorgestellten Bewerbungsformen haben Vor- und Nachteile: Erstellt in der Klasse je eine Placemat zu Bewerbung per Brief, Online- und E-Mail. Berücksichtigt dabei Vor- und Nachteile sowohl für die Bewerberinnen und Bewerber als auch für die Firmen.

Vorstellungsgespräche üben

Wenn du in die engere Auswahl für einen Ausbildungsplatz kommst, wirst du zum Vorstellungsgespräch eingeladen. Auf ein Vorstellungsgespräch musst du dich sehr gut vorbereiten, du hast es selbst in der Hand diese Chance zu nutzen.

Es gibt verschiedene Formen von Vorstellungsgesprächen. Beim klassischen Vorstellungsgespräch sitzt du einem oder mehreren Personalverantwortlichen des Betriebs gegenüber. Du musst über dich und den Betrieb Fragen beantworten.

M 1 Gesprächsablauf und Dauer eines Vorstellungsgesprächs

Kennenlern-/Vorstellungsphase (Selbstpräsentation bis Arbeitgebervorstellung)

SMALLTALK	SELBST-PRÄSENTATION	ARBEITGEBER-VORSTELLUNG	EIGENE RÜCKFRAGEN	ABSCHLUSS
ca. 5 Min.	ca. 2-5 Min.	ca. 15 Min.	ca. 10 Min.	ca. 5 Min.

Eine neue, weitere Variante um Bewerber genau zu testen ist das Assessment-Center. Das ist eine Methode zur Bewerberauswahl, die vor allem in Gruppen ausgeführt wird und bei der mehrere Bewerberinnen oder Bewerber gleichzeitig beurteilt werden. Hier ist es besonders wichtig, durch höfliches Auftreten, eine angemessene Sprache und passende Kleidung positiv aufzufallen. Wer sich hier Fehler erlaubt, fällt in der Gruppe sofort negativ auf. Außerdem muss man sich aktiv beteiligen, Interesse und Motivation zeigen.

M 2 Mögliche Aufgaben im Assessment-Center

- Teamaufgaben
- Gruppendiskussionen (mit anschließender Präsentation)
- Rollenspiele (kritische Vorgesetzter-Mitarbeiter-Gespräche, Kollegengespräche, Verkaufsgespräche)
- Präsentationsaufgaben, einzeln oder in Kleingruppen
- Fragebögen und Einstellungstests
- praktische Tests zum Beruf (z. B. Drahtbiegen nach einem Modell)

1 **a** Welche Vor- und Nachteile haben klassisches Vorstellungsgespräch und Assessment-Center jeweils? Notiere Stichpunkte.

b Welches Vorstellungsgespräch wäre dir lieber? Warum? Diskutiert im Klassengespräch.

2 **a** Kommt morgen im Bewerbungsoutfit in die Schule. Verhaltet euch im Unterricht so, als wäre es ein Assessment-Center (Sprache, Gestik, Mimik, Körperhaltung).

b Beobachtet, ob sich etwas verändert.

M3 Tipps rund um Vorstellungsgespräche

So bereitest du dich vor:

- Über den Beruf informieren
- Über die Firma informieren
- Angemessene saubere Kleidung
- Ansprechpartner kennen
- Fragen notieren
- Sich seine Stärken klar machen
- Gründe für gute oder schlechte Schulnoten kennen
- Vor dem Spiegel oder mit Freunden üben
- Anfahrt zum Betrieb in Erfahrung bringen
- Eigene Bewerbungsunterlagen noch einmal lesen
- Rechtzeitig aufbrechen und pünktlich zum Termin erscheinen

Diese Fragen können dich erwarten

- Warum hast du diesen Beruf gewählt?
- Warum hast du dich für diesen Betrieb beworben?
- Was weißt du über den Betrieb?
- Wie sind deine Schulleistungen?
- Hast du bereits Praktika in diesem Beruf absolviert?
- Was sind deine Interessen?
- Welche besonderen Stärken hast du?
- Was sind deine Schwächen?
- Welche Ziele verfolgst du beruflich?
- Hast du Alternativen zu dieser Ausbildung?
- Welche Vorbilder hast du?

Tricks der Personal-Profis

- Sie beobachten dein Verhalten schon während der Wartezeit (während einer Unterbrechung, wenn der Chef den Raum kurz verlässt).
- Sie achten darauf, wie du dich bei der Wiederaufnahme des Gesprächs nach einer Unterbrechung verhältst.
- Sie stellen Fangfragen oder provokative Fragen (Beispiel: Wie stehen Sie zu Überstunden?).
- Viele Personal-Profis informieren sich im Internet über die Bewerberinnen und Bewerber und schauen sich Profile in sozialen Netzwerken an.

Was nicht geht

- Zu spät kommen
- Zuerst nach der Ausbildungsvergütung fragen
- Pausenzeiten sofort erfragen
- Unangemessene Kleidung
- Personen im Betrieb duzen (es sei denn, es ist dort üblich)
- Undeutliche Aussprache oder zu leises Sprechen
- Unhöfliches Benehmen
- Ungepflegtes Äußeres
- Kein Interesse an der Firma und der Ausbildung zeigen

3 Führt ein Rollenspiel durch. Die Rollen:
- Eine Schülerin oder ein Schüler ist die Personalchefin bzw. der -chef eines Unternehmens.
- Eine zweite Schülerin oder ein Schüler bewirbt sich dort um einen Ausbildungsplatz.
- Die dritte Schülerin oder der dritte Schüler hat die Rolle „stiller Beobachter".
- Klärt zunächst, welcher Ausbildungsplatz bei dem Unternehmen angeboten wird. Spielt dann das Vorstellungsgespräch. Die Beobachterin oder der Beobachter macht sich Notizen dazu. Besprecht das Rollenspiel im Anschluss gemeinsam mit der gesamten Klasse.

1 Ordne die berufsspezifischen Tätigkeiten den drei Berufen zu.

Kfz-Mechatroniker/in | Florist/in | Kaufmann/-frau im Einzelhandel

Ölstand kontrollieren
Fehlerspeicher auslesen
Gestecke anfertigen
Reklamationen entgegennehmen
Schaufenster dekorieren
Bestellungen vornehmen
Pflanzen pflegen
Mindeshaltbarkeitsdatum kontrollieren
Reparaturen ausführen
Reifen wechseln
Lagerbestände prüfen
Kassieren
Kunden beraten

2 **a** Lies die Zitate.
b Welches spricht dich besonders an? Begründe.
c Erkläre die Aussage des ausgewählten Zitats mit eigenen Worten und finde Beispiele aus deinem Umfeld.

> *„Lernen ist wie Rudern gegen den Strom. Hört man damit auf, treibt man zurück.“*
> Laotse, chinesischer Philosoph

> *„Wer immer tut, was er schon kann, bleibt immer das, was er schon ist.“*
> Henry Ford I, amerikanischer Industrieller

> *„Old ways won't open new doors.“*
> englisches Sprichwort

3 Ein Rollentausch: Du bist Chef eines Handwerksbetriebs mit 14 Beschäftigten und möchtest einen Auszubildenden einstellen. Was überlegst du dir, bevor du die Stelle ausschreibst?
Welche Anforderungen an den Azubi würdest du stellen? Worauf achtest du bei den Bewerbungsunterlagen besonders? Begründe.

M 4 Bereite dein Vorstellungsgespräch vor. Dieser Leitfaden hilft dir bei der Phase der Selbstpräsentation. Übe und präsentiere dich einer anderen Person.

Selbstpräsentation		
1	persönliche Angaben	Name, Alter, Herkunft
2	Ausbildungsweg	Schule, AGs, Lieblingsfächer
3	berufliche Erfahrungen	Praktika, Ferienjobs, ggf. Mitarbeit im elterlichen Betrieb
4	zusätzliche Qualifikationen	z. B. Computerkenntnisse, Fremdsprachen
5	Hobbys	z. B. Sport im Verein, Jugendtrainer, freiwillige Feuerwehr, Umweltverband
6	Motivation	Begründung, warum man bei der Firma seine Ausbildung absolvieren möchte

Während eines Vorstellungsgesprächs

M 5 Hier findest du Beispiele für Aufgaben, die in einem Assessment-Center vorkommen können. Überlege dir, welche Fähigkeiten und Kompetenzen mit der jeweiligen Aufgabe abgeprüft werden. Die Kompetenzen auf Seite 45 können dir helfen.

Einzelaufgaben		
Vorstellungsrunde	**Fallstudie**	**Präsentation**
Stellen Sie sich der Gruppe vor. Was macht Sie besonders? Was sind Ihre Ziele?	Hier finden Sie Situationen aus dem Arbeitsalltag. Beurteilen Sie diese anhand unserer Unternehmensrichtlinien.	Überlegen Sie sich eine Werbeaktion für unser neuestes Produkt. Präsentieren Sie Ihre Ideen.

Gruppenaufgaben		
Gruppendiskussion	**Rollenspiel**	**Teamaufgabe**
Ein Kunde beschwert sich. Sie wissen, dass Sie im Recht sind, wollen den Kunden aber nicht verärgern. Wie reagieren Sie?	Zwei Kunden wollen gleichzeitig von Ihnen bedient werden. Die Kunden beginnen sich lautstark zu beschimpfen. Wie lösen Sie die Situation?	Bauen Sie mit den Ihnen zur Verfügung gestellten Materialien eine Brücke zwischen den Tischen. Sie muss das Modellauto mindestens eine Minute tragen.

KAPITEL 4

Worauf muss ich in der Ausbildung achten?

Du hast dich entschieden: Entweder es geht für dich in der Schule weiter oder du machst eine Ausbildung im Betrieb.
Von einer dualen Ausbildung findet ein Teil in der Schule und ein anderer im Betrieb statt. Der betriebliche Teil wird über einen Ausbildungsvertrag festgelegt.

1. *Beschreibe die Gegenstände auf dem Schreibtisch.*
2. *Wem gehören diese Dinge? Begründe.*
3. *Tausche dich mit deiner Partnerin oder deinem Partner über die Vorteile einer betrieblichen Ausbildung aus.*

Was enthält mein Ausbildungsvertrag?

M1 Auszug aus einem Ausbildungsvertrag – **A**

Der **Ausbildungsvertrag** wird zwischen dem Ausbildenden und dem Auszubildenden (Azubi) geschlossen.

Ausbildender ist der Betrieb, in dem die Ausbildung stattfindet. Dieser ist für den Ablauf einer Berufsausbildung verantwortlich. Er muss sich darum kümmern, dass alle gesetzlichen Vorgaben erfüllt werden.

Der **Ausbilder** ist die Person, die den Azubi ausbildet. Er wird im Ausbildungsvertrag zwar genannt, unterschreibt diesen aber nicht.

Hier wird der erworbene **Schulabschluss des Azubis** angegeben. Manchmal tragen hier Betriebe einen Abschluss (z. B. den Quali) ein, den der Azubi noch nicht erworben hat. Dann ist der erfolgreiche Abschluss aber eine Voraussetzung für das Zustandekommen des Vertrags.

Zuständig für den schulischen Teil der dualen Ausbildung ist die **am nächsten gelegene Berufsschule** mit geeignetem Schwerpunkt.

Die **Ausbildungsdauer** ist für jeden staatlich anerkannten Ausbildungsberuf genau festgelegt. Sie liegt in der Regel zwischen 36 und 48 Monaten.

Eine **Verkürzung der Ausbildungszeit durch Anrechnung** kann beantragt werden, wenn der Azubi beispielsweise schon einen Ausbildungsabschluss in einem ähnlichen Beruf oder die allgemeine Hochschulreife erworben hat. Dann kann die Abschlussprüfung oft bereits sechs bis zwölf Monate früher erfolgen.

Die Probezeit legt der Betrieb zwischen ein und vier Monaten fest.

Antrag auf Eintragung
in das Verzeichnis der Berufsausbildungsverhältnisse zum nachfolgenden

Berufsausbildungsvertrag
Zwischen dem Ausbildenden (Ausbildungsbetrieb)
Öffentlicher Dienst? ☐

Firmenident-Nr.	Tel.-Nr.
Anschrift des Ausbildenden	
Straße, Hausnummer	
PLZ	Ort
Verantwortliche(r) Ausbilder(in) Herr/Frau	geboren am
wird nachstehender Vertrag zur Ausbildung im Ausbildungsberuf mit der Fachrichtung/dem Schwerpunkt/dem Wahlbaustein [...] geschlossen	
Höchster allgemein bildender Schulabschluss ☐ ohne Schulabschluss (einschl. Sonderschulabschluss) ☐ Hauptschulabschluss	☐ Realschulabschluss ☐ Fachhochschulabschluss
Zuständige Berufsschule	

A Die Ausbildungszeit beträgt nach der Ausbildungsordnung ☐ Monate. Die vorausgegangene Ausbildung/Vorbildung ☐ wird mit ☐ Monaten angerechnet, bzw. es wird eine entsprechende Verkürzung beantragt
Das Berufsausbildungsverhältnis beginnt am ! ☐ endet am ☐

B Die Probezeit (§ 1 Nr. 2) ☐ Monate. [3])

Wer eine Ausbildung in einem Betrieb beginnen möchte, muss nach der erfolgreichen Bewerbung einen Ausbildungsvertrag unterschreiben. Wie ein Ausbildungsvertrag aufgebaut sein muss und welche Inhalte er umfasst, ist einheitlich im Berufsbildungssetz (BBiG) bzw. der Handwerksordnung (HwO) geregelt. Der Gesetzgeber hat ein eigenes Gesetz (BBiG) erlassen, weil die Bedingungen in der Ausbildung ganz besonders sind. Ein großer Teil der Auzubildenden ist außerdem noch nicht volljährig. Deshalb müssen ganz bestimmte Regeln gelten. Meistens nutzen die Betriebe Vorlagen für ihre Ausbildungsverträge.

M2 Auszug aus einem Ausbildungsvertrag – B

HK München und Oberbayern

und der / dem Auszubildenden weiblich ☐ männlich ☐

Duales Studium ☐

Name	Vorname

Straße, Hausnummer

PLZ	Ort

Geburtsdatum

Staatsangehörigkeit	gesetzliche Vertreter [1])

Namen, Vornamen der gesetzlichen Vertreter

Straße, Hausnummer

PLZ	Ort

Bezeichnung des Ausbildungsberufs

F Die regelmäßige Ausbildungszeit (§ 6 Nr. 1) beträgt in Std:
täglich ☐ wöchentlich ☐
Teilzeitberufsausbildung wird beantragt ja ☐ nein ☐
Der Ausbildende gewährt der/dem Auszubildenden Urlaub nach den geltenden Bestimmungen. Es besteht folgender Urlaubsanspruch:

im Jahr					
Werktage					
Arbeitstage					

G Der Ausbildende zahlt der/dem Auszubildenden eine angemessene Vergütung (§ 5); diese beträgt zur Zeit monatlich brutto

€				
im	ersten	zweiten	dritten	vierten

Ausbildungsjahr.

Zuständige Stellen sind Institutionen, die unter anderem die Berufsausbildungen in den einzelnen Betrieben betreuen. Die beiden wichtigsten sind für den Bereich Handwerk die **Handwerkskammer (HWK)** und für den kaufmännischen und industriellen Bereich die **Industrie- und Handelskammer (IHK)**.

Auszubildender ist derjenige, der in einem Betrieb und der Berufsschule in einem bestimmten Beruf ausgebildet wird.

Bei minderjährigen Auszubildenden muss der Vertrag auch von den Eltern bzw. den **gesetzlichen Vertretern unterschrieben** werden. Ihre Unterschrift muss spätestens innerhalb von 14 Tagen erfolgen, damit der Vertrag gilt.

Hier muss die genaue **Bezeichnung des staatlich anerkannten Berufs** angegeben werden, zu dem ausgebildet werden soll.

Die regelmäßige **Ausbildungszeit, d. h. deine Arbeitszeit** im Betrieb, darf täglich nicht mehr als 8 und wöchentlich höchstens 48 Stunden betragen!

Während der Ausbildung haben Azubis je nach Alter **ein Recht auf Urlaub** (unter 16 Jahren mindestens 30 Tage, unter 17 Jahren mindestens 27 Tage, unter 18 Jahren mindestens 25 Tage, über 18 Jahren mindestens 24 Tage).

Die gesetzliche **monatliche Ausbildungsvergütung** beträgt in Deutschland im Jahr 2021 550 € im Monat, 2022 585 €, 2023 620 €. Die Höhe wird oft in Tarifverträgen festgelegt. Die Vergütung steigt mit zunehmender Dauer der Ausbildung an.

1 Erkläre die Begriffe: Ausbilder/in, Auszubildende/r und Ausbildender.

2 Der Ausbildungsvertrag ist ein umfangreiches Dokument (M1, M2).
- **a** Besorge dir eine Vertragsvorlage bei der zuständigen Stelle.
- **b** Beschreibe den Aufbau und den Inhalt des Ausbildungsvertrags.

3 Ganz oben auf dem Ausbildungsvertrag steht „Antrag auf Eintragung in das Verzeichnis der Ausbildungsverhältnisse".
- **a** Recherchiere zum „Verzeichnis der Ausbildungsverhältnisse".
- **b** Begründe diese besondere Überschrift des Ausbildungsvertrags.

Welche Pflichten habe ich als Azubi?

Auf der ersten Seite eines Ausbildungsvertrags werden alle wichtigen Daten und Angaben zur geplanten Berufsausbildung eingetragen. Ab der Seite 2 findest du im eng bedruckten Anhang Hinweise zu sämtlichen Pflichten, die du als Auszubildender (Azubi) gemäß § 13 und § 14 BBiG zu erfüllen hast. Deine Pflichten solltest du als Auszubildender gut kennen. Ein Verstoß gegen diese Pflichten kann im schlimmsten Fall dazu führen, dass dein Ausbildungsvertrag sofort gekündigt bzw. ungültig wird. Eine Übersicht über deine Pflichten als Azubi gibt dir folgende Tabelle.

M 1 Die Pflichten eines Auszubildenden im Überblick

1	Lernpflicht	Du musst dich stets darum bemühen etwas zu lernen, d .h. dich beim Üben bestimmter Tätigkeiten motiviert zeigen und durchhalten. Bei häufigen Verstößen ist sogar eine fristlose Kündigung möglich.
2	Sorgfältige Ausführung der Arbeiten	Weil der Betrieb auch mit den Ergebnissen deiner Arbeit Geld verdienen muss, ist es notwendig, dass du alle Arbeiten konzentriert und vollständig erledigst.
3	Teilnahmepflicht an Ausbildungsmaßnahmen	Manchmal musst du während der Ausbildung auch für mehrere Tage oder Wochen in andere Betriebe oder Einrichtungen (z. B. überbetriebliche Ausbildungsstätten), um dort etwas Neues zu lernen, das du im eigenen Betrieb nicht lernen kannst.
4	Weisungsgebundenheit	Du hast dich im Betrieb strikt an alle Anweisungen deiner Ausbilderin oder deines Ausbilders oder anderer Mitarbeiterinnen und Mitarbeiter zu halten.
5	Beachtung der Ordnung	Die Hausordnung des Betriebs gilt für dich als Azubi genauso wie für alle anderen Beschäftigten. Beispielsweise hast du dich an bestehende Regeln zur Kleiderordnung zu halten.
6	Pflegliche Behandlung der Arbeitsmittel	Du musst auf Werkzeuge, Maschinen und sämtliche andere Geräte, mit denen du im Betrieb arbeitest, achten und immer so vorsichtig mit ihnen umgehen, dass sie nach Möglichkeit nicht beschädigt werden.
7	Stillschweigen über Geschäftsgeheimnisse	Du darfst dich mit niemandem über wichtige Informationen aus dem Betrieb austauschen. Es ist zum Beispiel streng verboten Azubis aus anderen Betrieben in der Berufsschulpause zu erzählen, wie viele Produkte dein Chef letzte Woche verkauft hat.
8	Führen des Berichtshefts	Du musst in deinem Berichtsheft regelmäßig für jeden Tag aufschreiben, was du in deiner Ausbildung im Betrieb gemacht hast. Das geht auch digital.
9	Besuch der Berufsschule	Azubis sind für die Dauer ihrer Ausbildung berufsschulpflichtig bzw. -berechtigt. D. h. du musst die Berufsschule regelmäßig besuchen und dich dort wie auch zu Hause bemühen, gute Leistungen in der Schule zu erzielen.

M 2 Auszüge aus einem Ausbildungsvertrag

A	Der Auszubildende verpflichtet sich, am Berufsschulunterricht und an Prüfungen, sowie an Ausbildungsmaßnahmen außerhalb der Ausbildungsstätte teilzunehmen, für die er nach § 2 Abs. 5 freigestellt wird.
B	Der Auszubildende verpflichtet sich, die für die Ausbildungsstätte geltende Ordnung zu beachten.
C	Der Auszubildende verpflichtet sich, bei Fernbleiben von der betrieblichen Ausbildung, vom Berufsschulunterricht oder von sonstigen Ausbildungsveranstaltungen dem Ausbildenden unter Angabe von Gründen und der voraussichtlichen Dauer unverzüglich Mitteilung zu erstatten. Dauert die Arbeitsunfähigkeit länger als drei Kalendertage, hat der Auszubildende eine ärztliche Bescheinigung über die bestehende Arbeitsunfähigkeit sowie deren voraussichtliche Dauer spätestens an dem darauffolgenden Arbeitstag vorzulegen. Der Ausbildende ist berechtigt, die Vorlage der ärztlichen Bescheinigung früher zu verlangen. Im übrigen gelten die gesetzlichen Bestimmungen.
D	Der Auszubildende verpflichtet sich, einen vorgeschriebenen schriftlichen Ausbildungsnachweis (Berichtsheft) ordnungsgemäß zu führen und regelmäßig vorzulegen.
E	Der Auszubildende hat sich zu bemühen, die berufliche Handlungsfähigkeit zu erwerben, die erforderlich ist, um das Ausbildungsziel zu erreichen.
F	Der Auszubildende verpflichtet sich, über Betriebs- und Geschäftsgeheimnisse Stillschweigen zu wahren.
G	Nebentätigkeiten bedürfen der vorherigen schriftlichen Genehmigung durch den Ausbildenden.

M 3 Aus dem Leben eines Azubis

Mirko (16 Jahre) absolviert eine Ausbildung zum Schreiner. In der Berufsschule unterhält er sich während der Pause mit den Azubis aus anderen Betrieben und prahlt damit, dass sein Meister nun 85.000 Euro vom Hotel „Zur goldenen Gans“ für den Möbelausbau eines einzelnen Dachzimmers bekommt. Als sein Chef zufällig am nächsten Tag von einem Konkurrenten davon erfährt, tobt er wie wild in seiner Werkstatt und schickt Mirko mit den Worten „Lass dich hier nie mehr blicken!“ nach Hause.

1 Begründe jede der Pflichten eines Auszubildenden (**M 1**).

2 Ordne die einzelnen Abschnitte aus dem Ausbildungsvertrag (**M 2**) den jeweiligen Pflichten (**M 1**) zu.

3 Prüfe den in **M 3** beschriebenen Fall:

a Gegen welche Pflicht hat Mirko verstoßen?

b Ist der Rauswurf von Mirko rechtens? Begründe deine Meinung.

Welche Rechte habe ich während der Ausbildung?

M 1 Auszug aus dem Anhang eines Ausbildungsvertrags

§ 2 Pflichten des Ausbildenden

1. Ausbildungsziel
Der Ausbildende verpflichtet sich, dafür zu sorgen, dass dem Auszubildenden die berufliche Handlungsfähigkeit vermittelt wird, die zum Erreichen des Ausbildungszieles nach der Ausbildungsordnung erforderlich ist [...].

2. Ausbilder
Der Ausbildende verpflichtet sich, selbst auszubilden oder einen persönlich und fachlich geeigneten Ausbilder ausdrücklich damit zu beauftragen und diesen dem Auszubildenden jeweils bekanntzugeben. [...].

4. Ausbildungsmittel
Der Ausbildende verpflichtet sich, dem Auszubildenden kostenlos die Ausbildungsmittel, insbesondere Werkzeuge, Werkstoffe zur Verfügung zu stellen, die [...] erforderlich sind.

5. Besuch der Berufsschule und von Ausbildungsmaßnahmen außerhalb der Ausbildungsstätte
Der Ausbildende verpflichtet sich, den Auszubildenden zum Besuch der Berufsschule und zum Besuch von Ausbildungsmaßnahmen außerhalb der Ausbildungsstätte [...] anzuhalten und freizustellen.

6. Schriftlicher Ausbildungsnachweis (Berichtsheft)
Der Ausbildende verpflichtet sich, dem Auszubildenden vor Ausbildungsbeginn und später den schriftlichen Ausbildungsnachweis (Berichtsheft) [...] kostenfrei auszuhändigen und die ordnungsgemäße Führung durch regelmäßige Abzeichnung zu überwachen.

7. Ausbildungsbezogene Tätigkeiten
Der Ausbildende verpflichtet sich, dem Auszubildenden nur Aufgaben zu übertragen, die dem Ausbildungszweck dienen und seinen körperlichen Kräften angemessen sind.

8. Sorgepflicht
Der Ausbildende verpflichtet sich, dafür zu sorgen, dass der Auszubildende charakterlich gefördert wird, sowie sittlich und körperlich nicht gefährdet wird. [...]

§ 4 Vergütung und sonstige Leistungen

1. Höhe und Fälligkeit
Eine über die vereinbarte regelmäßige Ausbildungszeit hinausgehende Beschäftigung ist besonders zu vergüten oder durch entsprechende Freizeit auszugleichen. Die Vergütung wird spätestens am letzten Arbeitstag des Monats gezahlt. Das auf die Urlaubszeit entfallende Entgelt (Urlaubsentgelt) wird vor Antritt des Urlaubs ausgezahlt. [...]

§ 6 Kündigung

1. Kündigung während der Probezeit
Während der Probezeit kann das Berufsausbildungsverhältnis ohne Einhalten einer Kündigungsfrist und ohne Angabe von Gründen gekündigt werden.

2. Kündigungsgründe
Nach der Probezeit kann das Berufsausbildungsverhältnis nur gekündigt werden
a) aus einem wichtigen Grund ohne Einhalten einer Kündigungsfrist,
b) vom Auszubildenden mit einer Kündigungsfrist von 4 Wochen, wenn er die Berufsausbildung aufgeben oder sich für eine andere Berufstätigkeit ausbilden lassen will. [...]

5. Schadenersatz bei vorzeitiger Beendigung
Wird das Berufsausbildungsverhältnis nach Ablauf der Probezeit vorzeitig gelöst, so kann der Ausbildende oder der Auszubildende Ersatz des Schadens verlangen, wenn der andere den Grund für die Auflösung zu vertreten hat. Das gilt nicht bei Kündigung wegen Aufgabe oder Wechsels der Berufsausbildung (§ 6 Punkt 2b).

Die im Berufsbildungsgesetz und der Handwerksordnung festgelegten Pflichten eines Azubis sollen sicherstellen, dass eine Ausbildung erfolgreich verläuft und die berufliche Handlungsfähigkeit (vgl. Lexikon) bis zum Ende der Ausbildungszeit erworben werden kann. Neben diesen Pflichten, die du mit einem Ausbildungsvertrag eingehst, bekommst du als Azubi auch

bestimmte Rechte zugesprochen. Diese Rechte leiten sich zu einem großen Teil aus den Pflichten für den Ausbildenden bzw. den Ausbilder ab. Oberstes Ziel ist hier ebenso, dass ein ordentlicher Ablauf der beruflichen Ausbildung im Betrieb sichergestellt wird.
Deine mit der Unterzeichnung des Ausbildungsvertrags als Azubi erworbenen Rechte, findest du im Anhang des Ausbildungsvertrages (**M 1**). Nur wer die Inhalte dieser meist kleingedruckten und umfangreichen Abschnitte gut kennt, kann auch reagieren, wenn gegen die eigenen Rechte (**M 2**) verstoßen wird. Allerdings dürfen nach mehreren Urteilen der Arbeitsgerichte die Rechte der Azubis nicht realitätsfern ausgelegt werden. So ist es z. B. durchaus angebracht, dass am Freitag in einer Ausbildung zum Kfz-Mechatroniker für einige Stunden die Werkstatt von den Azubis aufgeräumt und gesäubert wird.

M 2 Aus Pflichten werden Rechte

	Pflichten des Ausbildenden Der Ausbildende …	Rechte der/des Auszubildenden Der oder die Auszubildende …
1	vermittelt Ausbildungsinhalte (berufliche Handlungsfähigkeit).	bekommt gute Lernbedingungen in der Ausbildung.
2	beauftragt einen geeigneten Mitarbeiter als Ausbilder.	hat einen geeigneten Ansprechpartner bei Fragen im Betrieb.
3	fordert keine ausbildungsfremden Tätigkeiten.	muss keine Tätigkeiten ausführen, die nichts mit Ausbildung zu tun haben.
4	stellt ein Berichtsheft kostenlos zur Verfügung.	bekommt das Berichtsheft kostenlos.
5	stellt Arbeitskleidung und Arbeitsmaterialien kostenlos zur Verfügung.	erhält Arbeitskleidung und Werkzeug kostenlos vom Betrieb.
6	zahlt die Vergütung gemäß Tarifvertrag bzw. in üblicher Höhe.	erhält eine angemessene Vergütung.
7	legt die Probezeit zwischen 1 bis 4 Monaten fest. (Kündigung nur aus wichtigem Grund)	kann kündigen (während der Probezeit und bei Wechsel des Ausbildungsberufs).
8	lässt keine Aufträge während Schulbesuchszeiten ausführen.	wird für den Schulbesuch vom Betrieb freigestellt.
9	hat eine Sorgepflicht.	muss keine Tätigkeiten mit körperlicher Gefährdung ausführen.

1 Schlage die Begriffe *Kündigung*, *Vergütung*, *Schadensersatz* und *berufliche Handlungsfähigkeit* im Lexikonteil (s. Anhang) nach.

2 Überlegt euch zu jedem Recht der Auszubildenden (**M 2**) eine Situation, wie sie in der Ausbildung vorkommen könnte.

3 Ordne den einzelnen Pflichten des Ausbildenden (**M 2**) die jeweiligen Absätze aus dem Ausbildungsvertrag (**M 1**) zu.

4 „Keine Rechte ohne Pflichten!" Nimm Stellung zu dieser Aussage.

Wie schützt mich das Jugendarbeitsschutzgesetz?

Aufgrund der besonderen Schutzbedürfnisse Jugendlicher hat der Gesetzgeber ein eigenes Gesetz für jugendliche Menschen im Betrieb geschaffen: Das Jugendarbeitsschutzgesetz (JArbSchG). Oberstes Ziel des JArbSchG ist es, Jugendliche bei ihrer Arbeit im Betrieb zu schützen. Als Jugendlicher gilt gemäß § 2 JArbSchG, „wer 15, aber noch nicht 18 Jahre alt ist." Jugendliche können in der Bundesrepublik Deutschland eine Ausbildung nur in einem der rund 230 staatlich anerkannten Ausbildungsberufe beginnen. Das Berufsbildungsgesetz (BBiG) sieht diese Möglichkeit in § 4 Abs. 3 ausdrücklich vor. In Deutschland befinden sich jedes Jahr ca. 25 % aller Jugendlichen unter 18 Jahren in einer solchen betrieblichen Ausbildung.

M 1 Auszüge aus dem Jugendarbeitsschutzgesetz

§ 8 Dauer der Arbeitszeit

(1) Jugendliche dürfen nicht mehr als acht Stunden täglich und nicht mehr als 40 Stunden wöchentlich beschäftigt werden.

(2a) Wenn an einzelnen Werktagen die Arbeitszeit auf weniger als acht Stunden verkürzt ist, können Jugendliche an den übrigen Werktagen derselben Woche achteinhalb Stunden beschäftigt werden.

(3) In der Landwirtschaft dürfen Jugendliche über 16 Jahre während der Erntezeit nicht mehr als neun Stunden täglich und nicht mehr als 85 Stunden in der Doppelwoche beschäftigt werden.

§ 11 Ruhepausen, Aufenthaltsräume

(1) Jugendlichen müssen im Voraus feststehende Ruhepausen von angemessener Dauer gewährt werden. Die Ruhepausen müssen mindestens betragen

1. 30 Minuten bei einer Arbeitszeit von mehr als viereinhalb bis zu sechs Stunden,

2. 60 Minuten bei einer Arbeitszeit von mehr als sechs Stunden.

Als Ruhepause gilt nur eine Arbeitsunterbrechung von mindestens 15 Minuten.

(2) Die Ruhepausen müssen in angemessener zeitlicher Lage gewährt werden, frühestens eine Stunde nach Beginn und spätestens eine Stunde vor Ende der Arbeitszeit. Länger als viereinhalb Stunden hintereinander dürfen Jugendliche nicht ohne Ruhepause beschäftigt werden.

§ 12 Schichtzeit

Bei der Beschäftigung Jugendlicher darf die Schichtzeit (§ 4 Abs. 2) 10 Stunden, im Bergbau unter Tage 8 Stunden, im Gaststättengewerbe, in der Landwirtschaft, in der Tierhaltung, auf Bau- und Montagestellen 11 Stunden nicht überschreiten.

§ 14 Nachtruhe

(1) Jugendliche dürfen nur in der Zeit von 6 bis 20 Uhr beschäftigt werden.

(2) Jugendliche über 16 Jahre dürfen

1. im Gaststätten- und Schaustellergewerbe bis 22 Uhr,

2. in mehrschichtigen Betrieben bis 23 Uhr,

3. in der Landwirtschaft ab 5 Uhr oder bis 21 Uhr,

4. in Bäckereien und Konditoreien ab 5 Uhr

beschäftigt werden.

(3) Jugendliche über 17 Jahre dürfen in Bäckereien ab 4 Uhr beschäftigt werden.

M 2 Wie würdest du entscheiden?

A	B	C
Der 17-jährige Ulf macht eine Ausbildung zum Landwirt. Er soll zur Maisernte in den nächsten beiden Wochen täglich von 5.00 bis 14.00 Uhr mitarbeiten. Dafür bekommt er im Winter eine Woche frei. Seine große Pause soll er ausnahmsweise um 13.00 Uhr machen. Außerdem bekommt er einen Zuschlag von 600 Euro vom Chef.	Anna (16 Jahre) wird von ihrem Chef Konditormeister Meier aufgefordert, während der Arbeit keine Pausen zu machen, dafür darf sie aber 30 Minuten früher nach Hause gehen. Außerdem bittet sie ihr Chef, für eine Hochzeitsfeier am Samstag ausnahmsweise und freiwillig noch den frischen Mitternachtssnack mit vorzubereiten.	Harkan (16 Jahre) soll in der Spätschicht von 15.00 bis 23.00 Uhr in der Spielwarenfabrik arbeiten, weil dort eine neue Maschine aufgestellt wird. Der Chef zeigt ihm zu Beginn der Ausnahme, wo sich alle immer um 14.30 Uhr zur Vorbesprechung vor Schichtbeginn treffen. Harkan hat ein bisschen Angst vor dieser anstrengenden Zeit.

M 3 Interview der Klasse 9a mit dem Ausbildungsberater der IHK

Klasse 9a: Welche Aufgaben haben Sie als Ausbildungsberater?
Berater: Ich berate Betriebe und auch Auszubildende bei Fragen rund um die Ausbildung. Manchmal versuche ich auch, Streit zwischen Azubis und ihren Ausbildungsbetrieben zu schlichten.
Klasse 9a: Wie können sich Auszubildende an Sie wenden?
Berater: Entweder direkt über unsere neue Handyapp oder sie rufen mich einfach an. Meine Telefonnummer steht auf der Internetseite der Industrie- und Handelskammer.
Klasse 9a: Erzählen Sie uns von Ihrem interessantesten Fall.
Berater: Vor kurzem hat eine Auszubildende angerufen und sich über die Bedingungen in ihrem Betrieb beschwert. Sie hat eine Ausbildung zur Bürokauffrau in einem Immobilienverwaltungsbüro gemacht. Dieses war bei uns bisher für tolle Bedingungen bekannt. Als wir dann vor Ort waren, sahen wir, dass von ursprünglich acht Angestellten nur noch die Sekretärin und der Eigentümer des Betriebs zusammen mit der Auszubildenden arbeiteten. Es herrschte große Unordnung und der Chef wirkte völlig überfordert. Wir haben dem Betrieb geraten den Ausbildungsvertrag aufzulösen. Für die Auszubildende haben wir einen neuen Ausbildungsbetrieb gefunden.

1 Formuliere die Aussagen aus dem Gesetz (**M 1**) in eigenen Worten.
2 Beurteile die Beispielfälle in **M 2** mithilfe des Jugendarbeitsschutzgesetzes (**M 1**).
3 Begründe, weshalb das Jugendarbeitsschutzgesetz sinnvoll ist.
4 Eine Ausbildungsberaterin oder ein Ausbildungsberater hat wichtige Aufgaben:
  a Lies **M 3** und fasse die Aufgaben zusammen.
  b Finde den Namen und die Telefonnummer deiner zuständigen Ausbildungsberaterin bzw. deines zuständigen Berufsberaters heraus.

Auf der Homepage des Bundesministeriums für Bildung und Forschung (BMBF) steht zum kostenlosen Download die Broschüre „Ausbildung und Beruf“ bereit. Darin findest du unter anderem einen vollständigen Abdruck des aktuell gültigen Berufsbildungsgesetzes, der Handwerksordnung und des Jugendarbeitsschutzgesetzes. Besorge dir vorab diese Gesetze als Arbeitsmaterial, denn du kannst sie hier gut nutzen.

1. Schritt: Informationen filtern

- Lies den Fall mehrmals und aufmerksam.
- Sammle alle Informationen zur Ausgangslage.
- Notiere, welche Informationen möglicherweise eine Rolle für die spätere Entscheidung spielen.

2. Schritt: Informationen ordnen

Ordne die wichtigen Informationen nach sinnvollen Oberbegriffen, wie z.B.

- Alter
- Ausbildungsberuf
- Beteiligte
- Betrieb
- Zeiten
- ...

3. Schritt: Entscheidungsmöglichkeiten

- Welche Möglichkeiten bestehen für die beteiligten Personen grundsätzlich?
- Was kann entschieden oder getan werden?

4. Schritt: Rechtsnormen suchen und vergleichen

- Wähle geeignete Gesetze aus, die dir helfen könnten (BBiG, HwO, JArbSchG ...).
- Suche darin nach den entsprechenden Artikeln bzw. Paragrafen.

5. Schritt: Anwenden und Entscheiden

- Begründe mögliche Entscheidungen mit den ausgewählten Paragrafen und Artikeln des JarbSchG, BBiG und der HwO.
- Wähle die am besten begründete Entscheidungsmöglichkeit aus und fälle am Ende dein Urteil.

M1 Beispielfälle aus dem Bereich der Ausbildung

Fall 1: Ayca Y. beginnt bald eine Ausbildung zur Haarstylistin bei einer Filiale der Firma Haircut. Zwei Wochen vor Beginn der Ausbildung bekommt sie von Haircut per Post eine Liste zugesendet, auf der Sachen stehen, die sie sich noch vor der Ausbildung besorgen soll. Auf der Liste sind u. a. zu finden: schwarze Schuhe, schwarzes Hemd oder Oberteil, zwei Kämme, zwei Bürsten und einen akkubetriebenen Langhaarschneider. Aycas Vater weiß nicht, wie er das alles noch in diesem Monat bezahlen soll.

Fall 2: Der 15-jährige Vladimir V. macht eine Ausbildung zur Fachkraft für Fruchtsafttechnik in einer mittelständischen Brauerei und Limonadenfabrik. Der Schichtleiter möchte, dass er in dieser Woche in der Spätschicht von 18.00 bis 2.30 Uhr aushilft, weil ein Kollege krank geworden sei. Außerdem steht die für das Unternehmen wichtige Messe „Fructorama" kurz bevor. Vladimir glaubt nicht, dass er das eine Woche lang durchhält.

Fall 3: Andrea, 16 Jahre, macht bei Auto Ochsengrün eine Ausbildung zur Automobilkauffrau. Der Betriebsinhaber Ulrich Ochsengrün ist der Meinung, dass wer Autos verkaufen will, auch Ahnung von der Technik haben muss. Er möchte, dass Andrea einen Monat lang bei Reparaturarbeiten an der Hebebühne im Hof mitarbeitet. Andrea hat Angst um ihre verlängerten Fingernägel.

Fall 4: Der 17-jährige Logan befindet sich im dritten Ausbildungsjahr zum Ofen- und Luftheizungsbauer im Betrieb von Ufuk Müller. Der Meister fährt mit Logan zu einem landwirtschaftlichen Betrieb, der selbst Hackschnitzel über ein Trocknungs- und Druckverfahren herstellt. In der Trommel der Häckselanlage haben sich einzelne Äste am Antrieb verhängt. Da Logan im Gegensatz zu seinem Meister klein und schlank ist, fordert ihn der Meister auf, zwischen den Schneidemessern hindurch zum Antrieb zu klettern und die Äste mit dem Brecheisen herauszuziehen. Logan hat Angst sich dabei schwer zu verletzen.

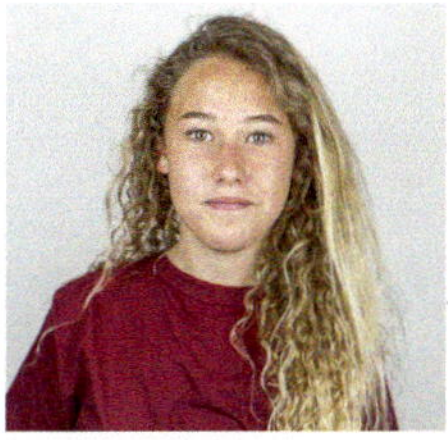

Fall 5: Die 17-jährige Annalena ist stolz auf ihren Ausbildungsplatz zur Holzbildhauerin im Betrieb von Holzbildhauermeister Nimptsch. Leider verstirbt Herr Nimptsch nach 14 Monaten überraschend. Die Witwe hofft, dass Annalena ihr in den nächsten eineinhalb Jahren beim Verkaufen der Figuren im Ladengeschäft hilft. Annalena hat Angst um den erfolgreichen Abschluss ihrer Ausbildung.

Bist du startklar?

1 Erstelle eine Mindmap zu den Rechten und Pflichten in der Ausbildung auf einem Blockblatt. Beginne gemäß dieser Vorlage:

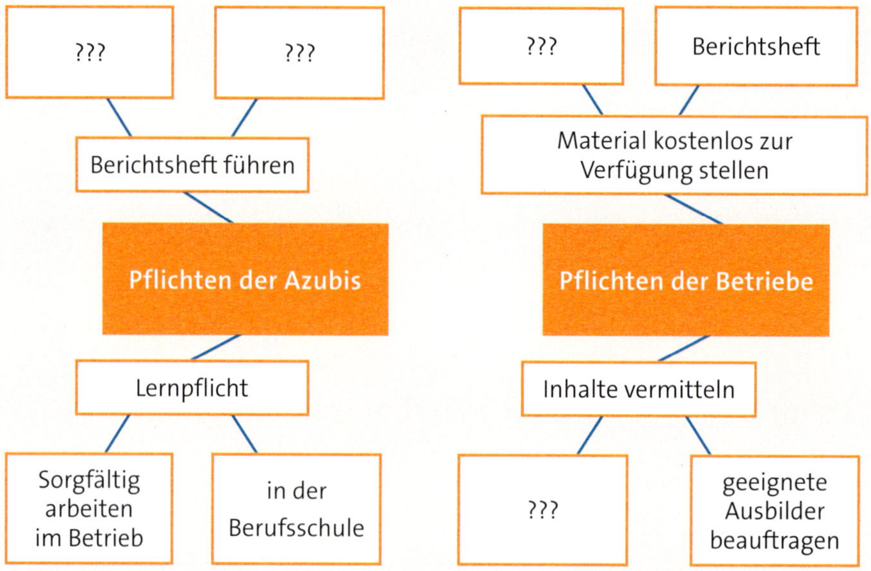

2 Es gibt unterschiedliche Meinungen zum Thema Ausbildung und Ausbildungsvertrag. Nimm zu jeder Äußerung Stellung und begründe deine Meinung überzeugend.

A „Bei Streitigkeiten mit deinem Meister ziehst du als Azubi sowieso immer den Kürzeren. Halte dich lieber zurück, wenn du nicht rausgeworfen werden willst!"

B „Die Ausbildungsberater der Industrie- und Handelskammer kümmern sich sowieso nur um die Interessen der Betriebe. Für dich als Azubi interessiert sich dort niemand."

C „Nach dem Quali nie mehr Schule! Ich freu mich schon so darauf, dass ich nach dem Abschluss an der Mittelschule nichts mehr mit Schule zu tun habe."

D „Mein Vater ist dagegen, dass ich nach dem Quali eine Ausbildung zur medizinischen Fachangestellten beginne. Aber ich habe den Vertrag ja letzte Woche schon unterschrieben."

E „Wenn ich als Auszubildende zur Schreinerin eine Frage habe, rufe ich meinen zuständigen Ausbildungsberater der IHK an."

3 Ordne die folgenden staatlich anerkannten Ausbildungsberufe (1-12) den jeweiligen zuständigen Stellen (A-D) zu:

A Handwerkskammer

B Ärztekammer

C Industrie- und Handelskammer

D Rechtsanwaltskammer

E Landwirtschaftskammer

1 Fischwirt/in	5 Buchhändler/in	9 Zahnmedizinische Fachangestellte/r
11 Bankkaufmann/frau	7 Rechtsanwalts-fachangestellte/r	3 Bäcker/in
12 Maler- und Lackierer/in	2 Betonfertigteilbauer/in	6 Industriekaufmann/frau
8 Landwirt/in	10 Keramiker/in	4 Steinmetz/in und Bildhauer/in

4 Es gibt zahlreiche Ansprechpartnerinnen und -partner zum Thema Ausbildung:

a Recherchiere im Internet sämtliche Ansprechpartnerinnen und -partner in deiner Umgebung zum Thema Ausbildung. Denke dabei an unterschiedliche Kammern, die Arbeitsagentur, Berufsschulen und größere Betriebe.

b Gestalte eine DIN-A4-Seite als Aushang in eurer Schule und im Klassenzimmer (Überschrift: Ansprechpartner zum Thema Ausbildung) mit Namen der Einrichtungen und Betriebe, Namen der Ansprechpartner, Postanschriften, Mailadressen und Telefonnummern.

5 Ausbildung in ferner Zukunft: Der technische Wandel, besonders die zunehmende Digitalisierung und Automatisierung haben auch Auswirkungen auf den Bereich der betrieblichen Ausbildung. Ständig müssen Ausbildungsordnungen verändert und den neuen Anforderungen angepasst werden.

a Wie könnte eine Ausbildung für deine Enkel ablaufen? Sammle deine Ideen in Stichpunkten.

b Beschreibe einen möglichen Tagesablauf einer Auszubildenden bzw. eines Auszubildenden in einem Beruf deiner Wahl im Jahr 2080.

c Welche Ausbildungsberufe gibt es 2080 vielleicht nicht mehr? Erstelle eine Liste. Nutze Kapitel 2.

KAPITEL 5

Mit Geld umgehen

Viele von euch beginnen nach der neunten Klasse eine Ausbildung. Da ist es wichtig, mit Geld kompetent umgehen zu können.

1. *Was fällt dir ein, wenn du an Geld und Finanzen denkst?*
2. *Hast du bereits ein eigenes Konto?*
3. *Sind Schulden ein Thema für dich?*

Welche Aufgaben hat eine Bank?

Früher bekamen Beschäftigte ihren Lohn in einer kleinen Papiertüte ausgehändigt. Sie konnten ihr Geld entweder einfach zuhause aufbewahren oder selbst zur Bank bringen. Heute werden Lohn, Gehalt oder Ausbildungsvergütungen bargeldlos auf ein Girokonto überwiesen. Das heißt, dass der Arbeitgeber seiner Bank den Auftrag erteilt, die entsprechende Summe von seinem Konto abzuziehen und dem Konto des Arbeitnehmers oder der Arbeitnehmerin gutzuschreiben. Geld von einem Konto auf ein anderes zu übertragen nennt man „Zahlungsverkehr". Das ist nur ein kleiner Teilbereich der Geschäfte, die ein Geldinstitut * abwickelt.

* **Geldinstitut**
ein Sammelbegriff für Banken und Sparkassen

* **D-Mark**
ehemalige Währung der Bundesrepublik Deutschland

M 1 Lohntüte und D-Mark *

Früher erhielten Arbeiterinnen und Arbeiter ihr verdientes Geld in einer Lohntüte

M 2 Aufgaben einer Bank

Zahlungsverkehr: Die Bank übermittelt Geldbewegungen zwischen privaten Haushalten, Unternehmen und staatlichen Stellen im In- und Ausland. Diese Geldbewegungen können bar oder bargeldlos erfolgen.

Mit zum Zahlungsverkehr gehört auch der **Devisentausch:** Die Bank wechselt Geld verschiedener Währungen. Wer z. B. einen Urlaub in England plant, kann bei seiner Bank englische Pfund bestellen. Und wer Geld in Fremdwährungen hat, kann es in Euro umwechseln.

Kreditgeschäft: Die Bank verleiht Geld gegen Kreditzinsen für einen bestimmten Zeitraum. Die Kreditzinsen sind höher als die Zinsen, die Sparer erhalten. Unter anderem damit erzielt die Bank ihre Gewinne.

Vermögensverwaltung: Die Bank nimmt von ihren Kunden Gelder entgegen (sogenannte Einlagen) und verwaltet sie. Abhängig von der Dauer der Geldanlage erhalten die Sparer für die Überlassung des Geldes von der Bank Zinsen.

Die Banken sind damit nur ein Teil im großen System des Geldkreislaufs. Sie versorgen nicht nur Privatleute und Unternehmen mit Krediten, sondern auch den Staat. Der Staat, der sich im Wesentlichen durch Steuereinnahmen finanziert, legt bei Banken auch Gelder an und verleiht sie gegen Zinsen.

Außerdem verteilt der Staat einen Großteil seiner Einnahmen an die Bürger weiter: Zum einen muss er Lohn und Gehalt für die Angestellten und Beamten bezahlen, die für ihn arbeiten. Zum anderen bezahlt er auch Sozialleistungen (Rente und Pension, Sozialhilfe, Wohngeld*, ...). Auch der Bau von Schulen, Straßen usw. wird vom Staat bezahlt. In dem Schaubild **M 3** sind die Geldströme innerhalb eines Landes dargestellt. Man nennt das den „erweiterten Wirtschaftskreislauf". So fließt das Geld zwischen den Privathaushalten, den Unternehmen, den Banken und dem Staat hin und her.

* **Wohngeld** erhält, wem nach Abzug seiner Mietzahlung zu wenig Geld zum Leben bleibt

M 3 Der erweiterte Wirtschaftskreislauf

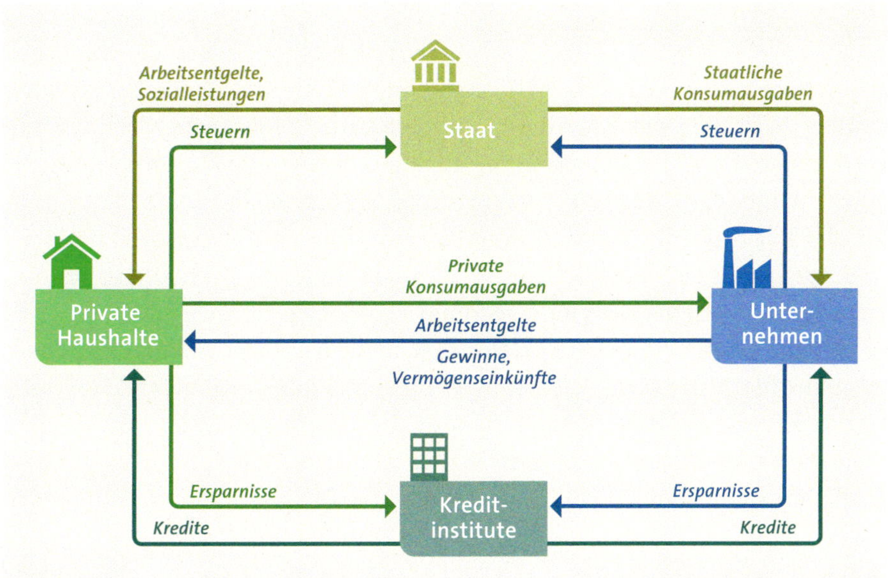

1 Arbeiterinnen und Arbeiter erhielten ihr Geld früher oft wöchentlich in einer Lohntüte (M 1). Welche Vor- und Nachteile hatte diese Form der Lohnzahlung?

2 Welche Aufgaben hat eine Bank? Beschreibe die vier zentralen Aufgaben deiner Nachbarin oder deinem Nachbarn mithilfe von M 2.

3 **a** Wo erzeugst du Konsumausgaben? Schlage den Begriff im Lexikon deines Wirtschaft-und-Beruf-Buchs nach und schreibe fünf Beispiele auf.

b Vergleicht eure Ausgaben in eurer Lerngruppe.

4 Welchen Pfeilen im erweiterten Wirtschaftskreislauf M 3 lassen sich die folgenden Begriffe zuordnen? Lohnsteuer, Pension, Kfz-Kredit, Immobilienkredit, Autokauf, Lehrergehalt, Wohngeld.

Wie funktioniert der bargeldlose Zahlungsverkehr?

Bankkarte

Wenn du ein Konto eröffnest, bekommst du eine Bankkarte. Auf der Vorderseite steht eine lange Reihe von Buchstaben und Zahlen. Die ersten 22 Stellen dieser Buchstaben- und Zahlenkolonne bilden zusammen die IBAN. IBAN ist die Abkürzung für „International Bank Account" (d.h. internationale Bankkontonummer). Das ist die individuelle Kennung deines Kontos, die es nur einmal im SEPA*-Raum gibt.
DE ist ein Länderkennzeichen und steht für Deutschland. Die nächsten zwei Stellen sind die Prüfziffern. Mit ihnen kann der Computer kontrollieren, ob es die angegebene IBAN auch wirklich gibt oder sie eventuell falsch eingegeben wurde. Die nächsten acht Zahlen in der Reihe sind die Bankleitzahl. Über diese Nummer kann man deine IBAN einer bestimmten Bank zuordnen. Aus den letzten zehn Zahlen besteht die Kontonummer, die du von deiner Bank zugewiesen bekommen hast (siehe **M 1**).
Auf der Rückseite der Karte ist ein Magnetstreifen. Auf ihm ist die IBAN gespeichert, sodass ein Kartenterminal sie auslesen kann. Auf manchen Karten steht die IBAN auf der Rückseite nochmal.
Immer auf der Rückseite der Karte findest du die BIC. Diese Abkürzung bedeutet „Bank Identifier Code" und ist eine internationale Bankleitzahl. Sie ist die Heimatadresse der Bank, bei der du dein Konto hast. Alle Daten, die auf dem Magnetstreifen auslesbar sind, sind auch auf dem Chip auf der Vorderseite enthalten.

* **SEPA**
Abkürzung für „**Single Euro Payments Area**", auf Deutsch: „Einheitlicher Euro-Zahlungsverkehrsraum". Aktuell nehmen in Europa 34 Länder an SEPA teil.

M 1 Bestandteile der IBAN

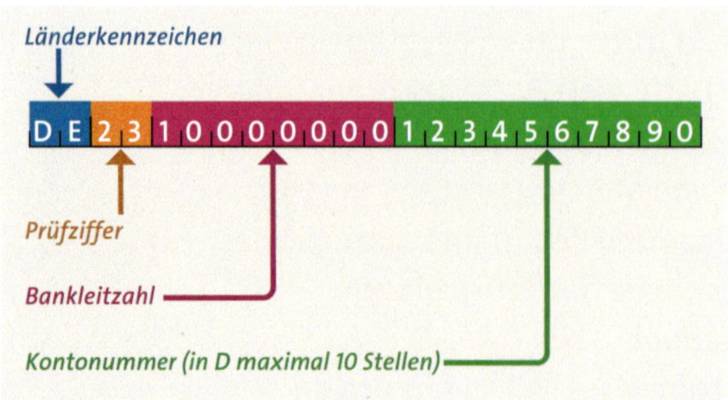

Zahlung per Bankkarte im Geschäft

Du kannst jetzt mit deiner neuen Bankkarte bargeldlos bezahlen. Das heißt, du kannst deiner Bank den Auftrag erteilen, Geld von deinem Konto auf ein anderes zu übertragen. Jede Bankkarte hat nur eine bestimmte Laufzeit. Wenn die abgelaufen ist, bekommst du automatisch eine neue Karte. Das sind die wichtigsten drei Bezahlverfahren:

- Überweisung: Sie ist gedacht für Beträge, die nur einmal an einen bestimmten Empfänger gehen sollen. Du kannst so z. B. eine Rechnung bezahlen.
- Dauerauftrag: Wer immer wieder gleich große Beträge an den gleichen Empfänger überweisen möchte, nutzt dazu einen Dauerauftrag. Viele Leute bezahlen so ihre Miete. Vielleicht bekommst du von deinen Eltern auch Taschengeld per Dauerauftrag auf dein Konto überwiesen.
- Lastschrifteneinzug: Eine Lastschrift ist die Umkehrung einer Überweisung. Du erlaubst einem anderen Kontoinhaber, dass er Geld von deinem Konto bekommt. Er ist geeignet, wenn man regelmäßige Zahlungen mit unterschiedlich hohen Beträgen zu leisten hat, z. B. für einen Handyvertrag. Lastschriftenmandate werden aber auch erteilt, wenn man z. B. bei Onlinehändlern bezahlt oder im Supermarkt auf dem Kassenzettel unterschreiben muss. Achtung! Innerhalb von acht Wochen nach der Abbuchung kann man als Bankkundin oder Bankkunde eine Lastschrift ohne Angabe von Gründen zurückbuchen lassen. Wurden unberechtigte Abbuchungen vorgenommen, kann der oder die Geschädigte sogar 13 Monate lang eine Rückerstattung verlangen.

Überweisungsformular

1 Wozu sind die IBAN und die BIC da, die auf jeder Bankkarte abgedruckt sind? Fasse die Erklärung in Stichpunkten zusammen und erstelle ein Lernplakat.

2 Erkläre: Warum ist auf Bankkarten immer ein Magnetstreifen aufgeklebt? Und wozu dient der Chip auf der Vorderseite? Besprich dich mit deiner Nachbarin oder deinem Nachbarn.

3 Was bezahlen Familien bargeldlos?

a Schreibt in der Gruppe typische Geldausgaben auf Wortkarten.

b Ordnet sie anschließend in der Klasse als Kartenabfrage den verschiedenen Bezahlverfahren zu.

Onlinebanking – ein sicheres Geschäft?

Die Zeiten, in denen alle Bankkunden regelmäßig ihre Filiale aufsuchten, um dort Kontoauszüge aus Papier abzuholen oder Überweisungsformulare abzugeben, sind vorbei. Heute ist Onlinebanking angesagt. Das heißt, die Kunden sparen sich den Besuch bei ihrem Kreditinstitut und wickeln ihre Bankgeschäfte via Internet mit dem PC, dem Tablet oder ihrem Smartphone ab. Das ist nicht nur bequemer, sondern spart auch Geld. Denn die Banken lassen sich alle Geschäfte, bei denen noch die alten Papier-Formulare zum Einsatz kommen, mit Gebühren bezahlen.

M1 Diese Möglichkeiten bietet das Onlinebanking

Beim Onlinebanking kannst du ...
- Kontostände einsehen und Kontoauszüge zu Hause ausdrucken
- Geld auf ein anderes Konto überweisen
- Daueraufträge einrichten oder stoppen
- nicht nur Girokonten, sondern auch Spar-, Bauspar-, Tagesgeld- oder Festgeldkonten verwalten

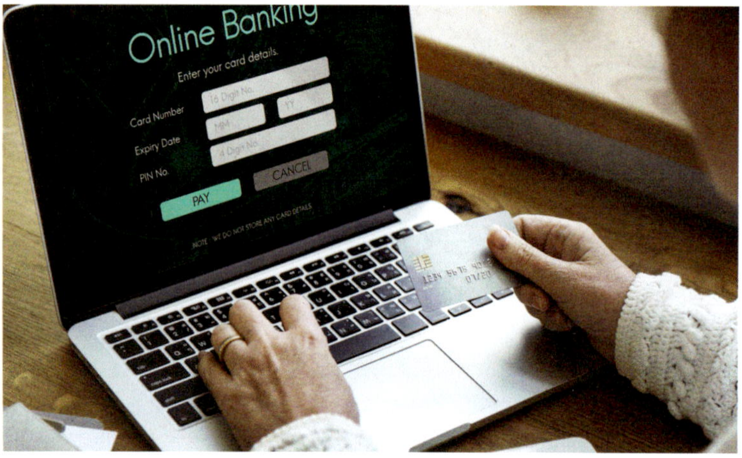

Damit nur du allein auf dein Konto zugreifen kannst musst du bei jedem Besuch auf der Onlinebanking-Seite deines Kreditinstituts deine PIN eingeben. PIN ist die Abkürzung für „Persönliche Identifikationsnummer“ und führt dich direkt zu deinem Konto. Sie ist immer gleich. Es ist wichtig, dass du mit deiner PIN sorgfältig umgehst. Was du auf keinen Fall machen solltest, ist die PIN auf deiner Karte zu notieren oder die PIN auf einem Zettel in deiner Geldbörse aufzubewahren. Wenn du die Geldbörse verlierst oder sie dir gestohlen wird, können sonst Fremde auf dein Konto zugreifen.

Für jeden Geschäftsvorgang, also wenn du z. B. eine Überweisung ausführen möchtest, musst du zusätzlich eine TAN eingeben. Die Abkürzung TAN steht für „Transaktionsnummer“. Gemeint ist damit eine Zahlenkombination, die immer nur kurze Zeit für jeweils eine einzige Aktion gültig ist. Wenn du also gleich mehrere Rechnungen hintereinander überweisen möchtest, brauchst du für jede Zahlung eine neue TAN.

Um die TAN zu bekommen, gibt es mehrere Verfahren. Es werden immer wieder neue entwickelt, um die Sicherheit zu erhöhen und Missbrauch durch Dritte zu vermeiden. Sicherer ist es, wenn du zwei Geräte (z. B. Computer und Handy) benutzt und deine Geldgeschäfte nicht nur mit deinem Handy erledigst.

M2 Zwei Möglichkeiten der TAN-Erzeugung: PushTAN und ChipTAN

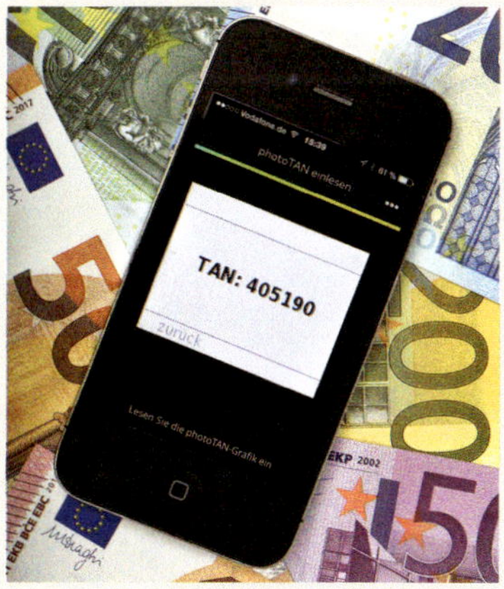

- Ein weit verbreitetes Verfahren heißt PushTAN. Du musst dafür eine App auf deinem Smartphone installieren. Wenn du z. B. auf deinem Tablet oder Laptop einen Überweisungsauftrag ausfüllst, forderst du von dort aus eine TAN an. Dann öffnest du auf deinem Handy mit einem Passwort die PushTAN-App und kannst dort deine TAN „abholen" und in dein Banking-Programm eintippen. Bevor du deinen Auftrag abschickst, ist es wichtig, dass du zur Sicherheit noch einmal die Empfängerkontonummer und den Betrag überprüfst. Für Jugendliche, Schüler und Studenten ist das Verfahren meist kostenlos. Bei anderen Konten ist eine bestimmte Anzahl von TANs pro Monat frei oder jede TAN kostet z. B. 10 Cent.

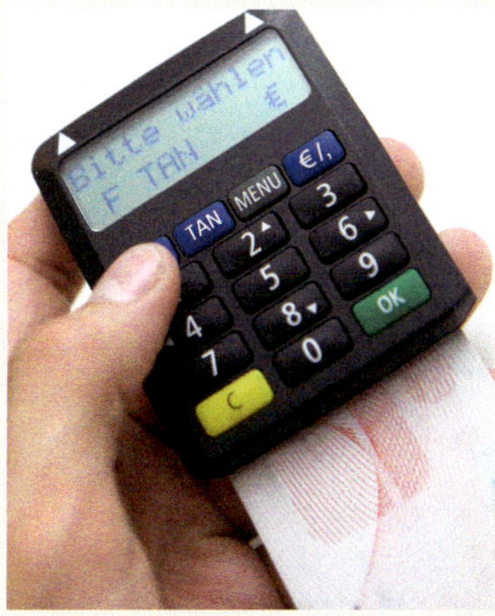

- Häufig verwendet wird auch der TAN-Generator. Das ist ein Gerät, das auf den ersten Blick aussieht wie ein kleiner Taschenrechner. An der Ober- oder Unterseite hat es einen Schlitz, in den du deine Bankkarte mit dem Chip voraus hineinstecken kannst. Weil du den Chip dazu brauchst, heißt dieses Verfahren „ChipTAN". Du folgst den Angaben auf dem Display und das Gerät errechnet – unter anderem aus der Empfängerkontonummer und der aktuellen Uhrzeit – eine TAN. Ein TAN-Generator, den du bei deiner Bank kaufen kannst, kostet einmalig ca. 15 bis 20 Euro. Die einzelnen Geschäftsvorgänge sind kostenlos.

1 Welche Geldgeschäfte (M1) lassen sich online erledigen? Erstelle einen Merkeintrag für dein Heft.

2 Erkläre den Unterschied zwischen PIN und TAN und erstelle ein Info-Plakat.

3 Du willst mit deinem neu eröffneten Konto am Onlinebanking teilnehmen.

- **a** Recherchiere im Internet, welche Methoden der TAN-Erzeugung deine Hausbank anbietet (M2).
- **b** Welche Kosten fallen dabei an? Lege eine vergleichende Liste an.
- **c** Für welche Form der TAN-Erzeugung entscheidest du dich und warum? Begründe deine Entscheidung in einem Kurzvortrag.

Welche modernen Zahlungsmöglichkeiten gibt es?

M 1 Online überweisen

*Du bestimmst, **wann** das Geld von deinem Konto abgebucht werden soll.*

Ausführungsdatum
10.04.2020

*Hier trägst du ein, **wer** das Geld bekommen soll (Vor- und Nachname oder Firma).*

Empfänger

*In diese beiden Felder trägst du ein, auf **welches Konto** bei **welcher Bank** das Geld gesendet werden soll. Die BIC muss man aber nur bei Überweisungen ins Ausland angeben.*

IAN **BIC**

Wie viel Geld möchtest du überweisen?

Betrag
, 00

*Diese Felder sind dazu da, dass du dem Zahlungsempfänger schreiben kannst, **wofür** du ihm das Geld schickst. Typische Verwendungszwecke sind z. B. die Rechnungsnummer oder Kundennummer.*

Verwendungszweck

Bei der Onlineüberweisung gibst du auf der Internetseite deiner Bank den Auftrag, Geld von deinem Konto auf ein anderes zu schicken. Damit die Bank weiß, an wen wie viel Geld geschickt werden soll, musst du auf dem Bildschirm ein Formular ausfüllen.
Damit ist die meiste Arbeit schon getan. Jetzt musst du deiner Bank noch beweisen, dass wirklich du es bist, der da überweist. Dafür brauchst du eine Transaktionsnummer (TAN). Erst wenn du diese Nummer eingegeben hast, wird der Überweisungsauftrag von deiner Bank angenommen. Bei Inlandsüberweisungen ist das Geld spätestens am nächsten Tag beim Empfänger.

M 2 Achtung: Phishing!

Phishing ist eine Zusammensetzung aus zwei englischen Wörtern, nämlich „password" und „fishing". Darunter versteht man, dass Betrüger dir E-Mails oder Links auf gefälschte Internetseiten schicken. Die sehen so aus als kämen sie z. B. von deiner Bank, einem Internethändler oder einem Paketdienst. Das Ziel der Gauner ist, an deine Passwörter zu kommen, um z. B. in deinem Namen Waren zu bestellen oder Geld von deinem Konto abzuziehen. Echte Banken oder Paketdienste verlangen niemals per E-Mail die Eingabe deiner Passwörter.

1 Von der Rechnung zur Online-Überweisung (**M 1**): Schreibt euch gegenseitig Rechnungen (Muster findet ihr im Internet oder bekommt sie von eurer Lehrkraft) und überweist sie, indem ihr das Formular in einem Simulationsprogramm richtig ausfüllt.

2 Erkläre das Prinzip „Phishing" mit eigenen Worten (**M 2**). Was wollen die Gauner erreichen und wie gehen sie vor?

Die meisten Umsätze machen die Geschäfte mittlerweile mit Kunden, die mit Karte zahlen. Bei der Zahlung mit Karten, die mit einem Magnetstreifen oder einem Chip ausgestattet sind, müssen Kunden ihre Geheimnummer (PIN) eingeben oder auf dem Kassenbon unterschreiben. Mobil bezahlen ist eine Weiterentwicklung dieser Bezahlform. Um den Bezahlvorgang für den Kunden zu vereinfachen, wurden Funkchips entwickelt. Die Bankkarte muss so nicht mehr in ein Lesegerät gesteckt werden, sondern sendet die Daten zur Kontenfreigabe ständig. Es gibt auch Smartphones und smarte Armbanduhren, die mit dieser Technik ausgestattet sind. Die Technik heißt NFC (Near Field Communication).

M 3 NFC-Chip

Karten, die mit einem NFC-Chip ausgestattet sind, erkennst du an diesem Zeichen. Die Lesegeräte beim Händler, die dafür geeignet sind tragen ebenfalls das Zeichen.

Karten und Geräten mit NFC-Chip funken die Kundendaten an das Lesegerät

M 4 Sicherheitstipps der Verbraucherzentrale

Die Verbraucherzentrale rät:

- Wenn du per Smartphone oder Smartwatch mobil bezahlen möchtest, musst du darauf achten, dass deine Gerätesoftware ständig auf dem neuesten Stand ist.
- Wenn du verhindern möchtest, dass deine Karte ausgelesen wird (Dazu reicht schon ein Abstand zum Lesegerät von ca. 4 cm), solltest du eine Schutzhülle verwenden, die die Funkwellen zuverlässig blockiert.
- Wenn du deine Funkkarte verloren hast, musst du sie über den Notruf deiner Bank so schnell wie möglich sperren lassen.
- Prüfe deine Kontoauszüge mindestens einmal im Monat, damit du falsche Abbuchungen schnell melden kannst.

Wenn du Bedenken gegenüber dem NFC-Verfahren hast, kannst du diese Funktion bei der Bestellung der Karte bei deiner Bank sperren lassen.

3 Achtet beim nächsten Einkauf darauf, in welchen Geschäften man bereits mit NFC-Chips bezahlen kann (**M 3**).

4 Beachte die Tipps der Verbraucherzentrale **M 4** und berate deine Eltern.

Bankgeschäfte für Jugendliche

Viele Jugendliche haben bereits ein Taschengeldkonto. Manche müssen spätestens dann ein eigenes Konto eröffnen, wenn sie eine Ausbildung beginnen. Um sich genau zu informieren, unternimmt die Klasse 9a einen Unterrichtsgang zu einer ortsansässigen Bank und spricht mit dem Filialleiter.

M1 Experteninterview mit dem Bankfilialleiter Herrn Beck

Fragen	Das antwortet der Experte
Gibt es ein Mindestalter, ab dem man ein Girokonto eröffnen kann?	Wenn du das allein machen möchtest, musst du mindestens 18 Jahre alt sein. Wenn Eltern ein Konto anlegen, sollte das Kind mindestens 7 Jahre alt sein.
Was muss ich mitbringen, wenn ich ein Konto eröffnen will?	Du brauchst deinen Personalausweis oder Pass und die Ausweise der Eltern. Die müssen den Antrag auf Kontoeröffnung dann auch unterschreiben. Eine Ausnahme sind Konten, die Jugendliche brauchen, weil sie eine Ausbildung beginnen. Hier geht es auch ohne die Unterschrift der Erziehungsberechtigen.
Kann ich auch ein Konto ohne meine Eltern eröffnen?	Im Prinzip nicht. Es gibt aber eine besondere Regelung für berufstätige Jugendliche: Wenn Minderjährige in einem Arbeitsverhältnis stehen (das muss nicht zwingend eine Ausbildung sein), dürfen sie ohne Zustimmung der Eltern ein Gehaltskonto eröffnen und den Lohn bar abheben. Für Überweisungen und andere Bankgeschäfte brauchen sie aber die Zustimmung der Erziehungsberechtigten.
Muss ich für ein Konto bezahlen?	Nein, eine Kontoeröffnung ist bei uns kostenlos. Bei Schülern und Studenten verlangen wir auch keine Kontoführungsgebühr. Außerdem sind alle Bareinzahlungen und Auszahlungen, solange sie an einem unserer Automaten stattfinden, frei.
Bekommen Jugendliche auch eine Automatenkarte?	Ja, du kannst Geld mit deiner Karte abheben. Und du kannst auch im Geschäft mit Karte bezahlen.
Wie viel Geld darf ich abheben?	Solange du noch nicht 18 Jahre alt bist, darfst du nicht mehr Geld abheben, als auf dem Konto drauf ist. Du kannst das Konto auch nicht überziehen. Wenn kein Geld mehr auf dem Konto ist, kannst du nicht mit der Karte bezahlen.
Dürfen meine Eltern über mein Konto verfügen?	Solange du noch minderjährig bist, prinzipiell ja. Das hat aber auch Vorteile.

Auch Jugendliche heben an Geldautomaten mit ihrer Bankkarte Bargeld ab. Dazu geben sie ihre PIN ein. Deine eigene PIN musst du dir gut merken.

Welche Zahlungen auf deinem Konto eingehen und wieviel Geld du ausgegeben hast, siehst du auf deinem Kontoauszug. Das ist eine Tabelle, die du dir online ansehen, herunterladen oder auch ausdrucken kannst.

M 2 Online-Kontoauszug

Herrn
Julian Muster
Kleiner Weg 1
12345 Nirgendwohausen

Moneten-Bank

1. Februar 2021

Buchungen vom 1.1.2021 bis 31.1.2021

Seite 1 von 5

Girokonto
IBAN DE12 3456 7891 1112 13

Kontoauszug Nr. 1/2021

Buchungstag	*Buchungstext*	Wertstellung	Betrag in EUR
	Kontostand am 31.12.2020		***138,67 +***
04.01.2021	Fa. Meier SEPA-Überweisung IBAN DE11 3456 7891 1112 14 Re. Nr. 1 vom 23.12.2020	04.01.2021	87,30 –
05.01.2021	Thomas und Julia Muster SEPA-Überweisung IBAN DE12 3456 7891 1234 56 Taschengeld Januar 2021	05.01.2021	50,00 +
10.01.2021	Sportclub Musterstadt Jahresbeitrag 2021 für Julian Muster, Abteilung Tennis	10.01.2021	12,00 –

M 3 Achtung: Sorgfaltspflicht

Jeder Kontoinhaber ist dafür verantwortlich, die Bewegungen auf seinem Konto regelmäßig zu kontrollieren. Er muss auch dafür sorgen, dass alle Abgänge durch Guthaben gedeckt sind.
Einen Kontoauszug sollte man – online oder ausgedruckt auf Papier – mindestens drei Jahre aufheben. Das kann sinnvoll sein, wenn du Steuerunterlagen brauchst oder beweisen musst, dass du z. B. eine Handwerkerrechnung auch wirklich bezahlt hast. Wenn dir zu Unrecht Geld abgezogen wurde, kannst du das melden und bekommst von der Bank dein Geld zurück.

1 Erklärt mithilfe von **M 2**, welche Daten ein Kontoauszug enthält und erstellt ein Lernplakat.
2 Was kann passieren, wenn man seinen Kontoauszug nicht regelmäßig prüft (**M 3**)?
3 Führt ein Expertengespräch wie in **M 1** mit einem Bankmitarbeiter durch.

Wie können Bankkunden sparen?

* **Zinsen**
So nennt man die Entschädigung, die man dafür bekommt, dass man sein Geld für einen bestimmten Zeitraum einem anderen überlässt.

Kleine Kinder stecken ihr erstes eigenes Geld häufig in eine Spardose oder in ein Sparschwein. Jugendliche sparen meist, indem sie einen Teil ihres Geldes auf ihrem Girokonto „liegen lassen" und nicht ausgeben. Beides ist eine Form der Geldanlage. Auf ein Girokonto bekommt man keine oder nur sehr wenig Zinsen*. Andere Anlageformen bringen mehr Ertrag ein. Ziel einer Geldanlage ist es, einen Ertrag oder Wertzuwachs zu erzielen oder zumindest den Wert des eingelegten Geldes zu erhalten.

Sparschwein

M1 Geldanlagen für Privatkunden

Girokonto: Es dient vor allem zur Abwicklung des bargeldlosen Zahlungsverkehrs. Der Vorteil ist, dass du jederzeit auf dein Geld zugreifen kannst.
- keine oder nur geringe Zinsen

Sparbuch: Die Sparbeträge werden - ebenso wie die Abhebungen - in einem kleinen Buch aufgeschrieben. Bis zu einem Höchstbetrag, von z.B. 2000 Euro darf man innerhalb von 30 Tagen unangemeldet Geld abheben. Bei Beträgen darüber hinaus wird ein „Strafzins" fällig. Wer höhere Beträge abheben will, muss dies drei Monate vorher ankündigen.
- geringe Zinsen

Edelmetalle: Der Kunde erteilt seiner Bank den Auftrag, für ihn Gold, Silber oder Platin in Form von Münzen oder kleinen Barren einzukaufen. Geliefert wird in der Regel zu dem Kunden nach Hause. Der Kunde kann aber auch die Bank beauftragen, das Edelmetall in ihrem Tresorraum für ihn aufzuheben.
- Hoffnung auf Wertsteigerung

Tagesgeldkonto: Das Tagesgeld funktioniert ähnlich wie ein Girokonto, ist aber dafür gedacht, dass das Geld länger darauf „liegen" bleibt. Abhebungen sind jederzeit bis zum vollen Guthabenbetrag möglich.
- geringe Zinsen

Bausparen: Mit einem Bausparvertrag spart ein Kunde für den Kauf oder Umbau einer Immobilie. Nachdem ein Teil des gewünschten Betrages angespart wurde, erwirbt der Sparer das Recht auf einen zinsgünstigen Bausparkredit.
- eher geringer Zins

Festgeldkonto: Der Kunde stellt der Bank einen Geldbetrag für einen vorher fest vereinbarten Zeitraum (z.B. zwei Jahre) zur Verfügung. So lange darf die Bank das Geld behalten.
- höherer Zins

Wertpapiere: Mit Wertpapieren kauft man als Kunde ein Recht auf Rückzahlung einer geliehenen Summe oder auf die Beteiligung an einem Unternehmen. Der Wert dieser Papiere verändert sich ständig. Es kann passieren, dass du Wertpapiere teurer einkaufst, als du sie hinterher verkaufen kannst. Du kannst aber auch viel Gewinn machen.
- Hoffnung auf Wertsteigerung

Lisa (25) arbeitet als Sachbearbeiterin in einem mittelständischen Unternehmen. Sie hat Geld gespart und überlegt, wie sie es am besten anlegen könnte. Soll sie alles „auf eine Karte setzen" oder ihr Vermögen auf mehrere verschiedene Anlageformen aufteilen? Wenn Bankkunden sich für eine Anlageform entscheiden, haben sie unterschiedliche Erwartungen, die sich nicht zeitgleich mit einem einzigen Vertrag erfüllen lassen.

M 2 Überlegungen bei der Geldanlage

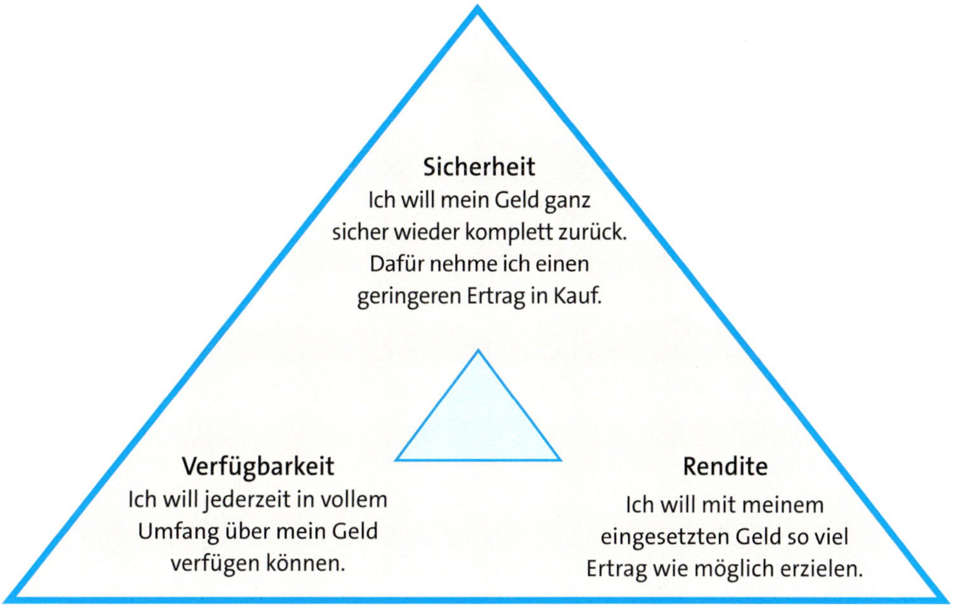

1 Besprecht in der Klasse, ob ihr schon einmal bewusst Geld gespart habt. Welche Wünsche habt ihr euch erfüllt?

2 Betrachte **M 1**:

a Welche Geldanlagen kennst du bereits?

b Recherchiere im Internet auf den Seiten verschiedener Geldinstitute welche Sparformen zu welchen Bedingungen angeboten werden.

3 Das Schaubild **M 2** heißt auch „magisches Dreieck der Geldanlage".

a Ergründe zusammen mit deiner Partnerin oder deinem Partner, warum dieser Name gewählt wurde.

b Welche Überlegung wäre bei einer Geldanlage für dich persönlich am wichtigsten?

4 Welcher Typ von Sparer wird wohl welche Geldanlage aus **M 1** wählen? Begründe deine Meinung und stelle in einer Tabelle Einlagenform und Erwartung einander gegenüber.

Welche Funktion haben Kredite?

M 1 Geldfluss zwischen Kreditnehmer und Bank

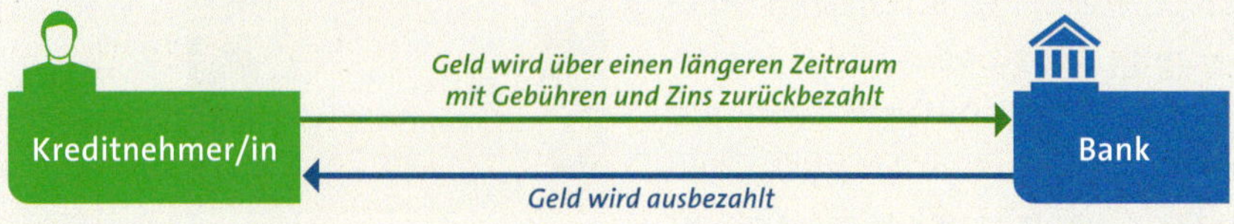

Mit einem Kreditvertrag vereinbaren zwei Geschäftspartner, dass der eine dem andern Geld leiht und dafür Zinsen verlangen darf. Der andere zahlt seine Schulden und die „Leihgebühr" in vorher festgelegten Raten wieder zurück. Für Minderjährige sind Kredite verboten. Sie sollen davor geschützt werden, Verträge einzugehen, deren Folgen sie noch nicht richtig einschätzen können und die einen Nachteil für sie bedeuten.

Am besten ist es natürlich, gar keine Schulden zu haben. Sehr teure, langlebige Güter z. B. ein Haus, eine Eigentumswohnung oder auch ein Auto, können sich die meisten Bürger aber nur auf Kredit kaufen. Für Geldinstitute sind die Kreditzinsen eine wichtige Einnahmequelle.

M 2 Kreditarten für Privatleute

- Ein *Ratenkredit* hat feste Rückzahlungsraten und einen festen Zins. Er wird vom Kreditnehmer in gleichbleibenden Raten zurückgezahlt.
- Der *Dispositionskredit* ist die Möglichkeit, sein Girokonto zu überziehen. Seine Höhe ist meist auf das Doppelte bis Dreifache des monatlichen Einkommens auf dem Konto begrenzt. Der Zinssatz liegt zwischen 5 und 20 Prozent. So ein „Dispo" ist also ein sehr teurer Kredit, den du deshalb nur kurzfristig in Anspruch nehmen solltest.
- Mit einem *Immobilienkredit* finanziert man den Kauf, Bau oder Umbau von Häusern, Grundstücken und Eigentumswohnungen.
- Mit einem *Umschuldungskredit* werden Kredite mit einem hohen Zinssatz gegen einen mit günstigem Zinssatz getauscht. Das macht dann Sinn, wenn man alte Kredite zu einem höheren Zinssatz ablösen möchte oder mehrere laufende Kredite zu einem zusammenfassen möchte. Oft werden so Disposchulden in einen langfristigen Kredit mit festen Raten umgewandelt.

1 Welchen Inhalt hat ein Kreditvertrag (**M 1** und Text)? Trage die Erklärung auswendig vor.

2 Warum sind Kredite nicht nur ein Risiko, sondern auch eine Chance? Nenne Beispiele.

3 Informiert euch über die verschiedenen Kreditarten (**M 2**) in Form eines Gruppenpuzzles (Methode, S. 100).

M 3 Fragen rund um einen Immobilienkredit für einen Wohnungskauf

Meiers möchten eine Wohnung kaufen und brauchen dazu einen Kredit. Ihre Kinder fragen genau nach.

Was kostet unser Kredit?

Wir müssen den Kreditbetrag, die Zinsen und Gebühren bezahlen. Wir haben bei mehreren Banken verschiedene Angebote eingeholt.

Können wir uns das leisten?

Wir haben die monatliche Belastung so gestaltet, dass wir uns alle übrigen Kosten noch leisten können. Außerdem haben wir für unvorhersehbare Ausgaben noch einen Puffer eingeplant. Wir geben jetzt ungefähr ein Drittel unseres monatlichen Einkommens für den Kredit aus.

Habt ihr schon vorher Geld gespart?

Wir haben vor einigen Jahren einen Bausparvertrag abgeschlossen und bekommen so einen günstigeren Zins.

Was ist, wenn wir den Kredit nicht mehr zahlen können?

Wir haben eine Berufsunfähigkeitsversicherung abgeschlossen. Sie zahlt unseren Lohn weiter, falls einer von uns beiden ausfallen sollte. Außerdem darf die Bank unsere Wohnung verkaufen, falls wir den Kredit nicht mehr bezahlen sollten. Aber keine Angst, das wird nicht passieren.

M 4 So funktioniert Bausparen

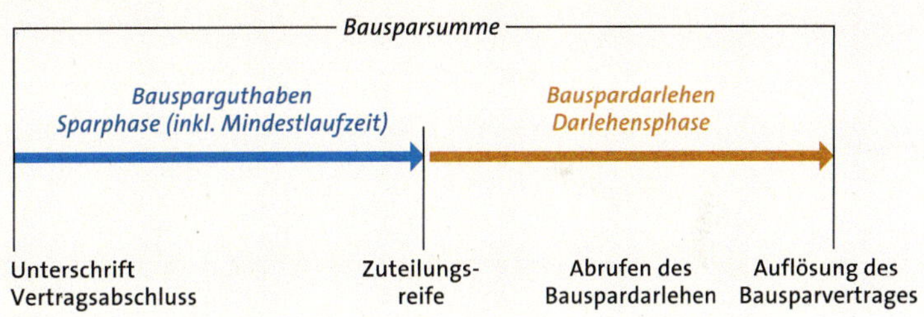

Ein Bausparvertrag ist eine Kombination aus Spar- und Kreditvertrag: Der Kunde schließt einen Vertrag ab, in dem er vereinbart, dass er z. B. in fünf Jahren 50000 Euro bekommt. In einer ersten Phase muss der Kunde sparen. Hat er z. B. 40 Prozent der Summe angespart, ist der Vertrag „zuteilungsreif". Der Kunde kann danach weiter sparen und erhält weiterhin Zinsen auf sein Guthaben. Oder er lässt sich den Kredit auszahlen und zahlt ihn mit einem günstigen Zinssatz zurück. Ob ein Bausparvertrag sinnvoll ist, hängt vom allgemeinen Zinsniveau ab. Je niedriger das Zinsniveau ist, desto weniger lohnt sich ein Bausparvertrag.

4 Jeder Kredit ist ein Risiko. Was haben Meiers unternommen, um ihr Kreditrisiko zu senken (**M 3**)?

5 Meiers haben einige Jahre vor ihrem Wohnungskauf einen Bausparvertrag abgeschlossen. Erkläre das Prinzip des Bausparens anhand von **M 4** und erstelle ein Lernplakat.

6 M Welche Funktion haben Kredite im Wirtschaftskreislauf (siehe Seite 85, **M 3**)?

Wie geraten junge Leute in die Schuldenfalle?

* **Inkassobüro**
Das ist ein Betrieb, der im Auftrag Anderer Geld bei Schuldnern eintreibt.

* **Überschuldung**
Wenn ein Schuldner nicht mehr in der Lage ist, seine Schulden fristgerecht zu begleichen, spricht man von Überschuldung.

* **Bonität**
Die Einschätzung, ob ein Kunde fähig ist, einen ihm gewährten Kredit pünktlich zurückzuzahlen.

„Kannst du mir mal schnell zwei Euro leihen? Ich habe meine Geldbörse daheim vergessen und will mir beim Hausmeister eine Leberkässemmel kaufen". Wenn du das zu deinem Klassenkameraden sagst, bittest du um einen Kredit. Du bist der Schuldner und der Freund, der dir das Geld leiht, ist dein Gläubiger. Zwei Euro sind nur ein kleiner Betrag. Schwieriger wird es, wenn junge Leute große Beträge zurückzahlen müssen. Und das kommt gar nicht so selten vor.
Eine Umfrage bei Inkassobüros* hat ergeben, dass die häufigsten Gläubiger junger Leute Online- und Versandhändler, Telefondienstleister und Fitnessstudios sind.
Wie kann es so weit kommen? Schuldnerberater wissen, dass sich viele junge Leute Wünsche erfüllen, für die sie das notwendige Geld gar nicht haben. Unterhaltungselektronik, Kleidung oder Einrichtungsgegenstände für die erste eigene Wohnung sind dabei typische Konsumgüter. Um sich diese Wünsche erfüllen zu können, kommen dann Kredite ins Spiel. Manche rutschen dadurch in die Überschuldung*.

M 1 Das Prinzip der Null-Prozent-Finanzierung

Die Schuldnerberaterin Judith Müller berichtet aus ihrer Erfahrung:
„Besonders beliebt bei Händlern und jungen Leuten ist die sogenannte Null-Prozent-Finanzierung. Und die funktioniert so: Die Kunden kaufen teure Gegenstände, die sie sich eigentlich nicht leisten können. Dafür zahlen sie über einen langen Zeitraum hinweg kleine Raten und angeblich keine Zinsen. Meist sind diese Produkte aber von Vornherein teurer als ohne Kredit. Der Kreditzins steckt also schon im Preis.
Der Kreditgeber ist nicht der Händler, sondern eine Bank, die mit dem Händler zusammenarbeitet. Manchmal gilt der Nullzins auch nur für die ersten Monate der Laufzeit. Danach gilt ein höherer Zins, sodass sich die monatlichen Raten plötzlich erhöhen. Der Deal mit der Bank hat auch noch einen anderen Nachteil: Der Kreditvertrag besteht losgelöst vom Kaufvertrag. Das heißt, er gilt auch dann noch weiter, wenn das angeschaffte Gerät z. B. kaputt ist, oder zurückgegeben wurde. Außerdem sind mit dem Kreditvertrag – versteckt im Kleingedruckten – manchmal Zusatzleistungen verbunden, die der Kunde nicht braucht, z. B. Versicherungen oder Garantieverlängerungen.
Die Händler, die mit der Null-Prozent-Finanzierung werben, sind vor allem daran interessiert, ihre Produkte zu verkaufen. Schätzungen gehen davon aus, dass über 60 Prozent aller Kunden, die auf einen solchen Vertrag eingehen, das Produkt nicht gekauft hätten, wenn sie es sofort hätten bezahlen müssen. Auf die Bonität* wird im Gegensatz zu Krediten bei der Hausbank kaum geachtet."

1 Erkläre, wie eine Null-Prozent-Finanzierungen funktioniert und welche Risken mit dieser Kreditform verbunden sind (M 1).

Ein anderes Schuldenrisiko sind Handyverträge. Sie werden meist beim Kauf eines neuen Smartphones gleich mit abgeschlossen und der Kunde muss dann zwei Rechnungen abbezahlen: Die Raten für das Gerät und den Handytarif.

Judith Müller erzählt aus ihrer Beratungspraxis: „Die meisten jungen Leute, die aufgrund ihrer Überschuldung zu mir kommen, haben sich Sachen gekauft, die sie rückblickend gar nicht gebraucht hätten. Oft laufen viele Ratenkredite parallel. So sammeln sich viele Ratenverpflichtungen an, die das Konto gar nicht hergibt." Für viele bleibt als letzter Ausweg nur noch die Privatinsolvenz*.

Der Traum vom neuen teuren Handy

M 2 Schuldenrisiko Handyverträge

M 3 So vermeidest du Schuldenfallen

- ... vor der Anschaffung: Brauche ich ...?
- ... Konsum aufschieben? (z. B. ... altes Handy)
- spare „vorwärts" statt „rückwärts"
- ... unvorhergesehene Ausgaben ...
- ... verlockende Kreditzusagen
- ... Einnahmen / Ausgaben

* **Privatinsolvenz**
Wenn man sehr überschuldet ist, kann man seine Schulden über ein gerichtliches Verfahren loswerden. Dabei wird das gesamte Vermögen zwischen den Gläubigern aufteilt. Nach etwa sechs Jahren „Wohlverhalten" ist man dann von den Schulden befreit.

2 Was versteht man unter „Überschuldung"? Erkläre den Begriff.

3 Vervollständige den Tippkasten **M 3** in deinem Heft. Schreibe ganze Sätze auf. Fallen dir noch weitere Ratschläge ein, um Schulden zu vermeiden? Beachte auch die Karikatur **M 2**.

4 Besucht im Rahmen des Unterrichts eine gemeinnützige und anerkannte Schuldnerberatungsstelle und führt dort ein Experteninterview.

5 M Wie läuft eine Privatinsolvenz ab? Recherchiert den Begriff und erstellt ein Ablaufdiagramm.

Das Gruppenpuzzle ist eine Methode, bei der jede Schülerin bzw. jeder Schüler zum Experten für einen Teilbereich eines umfassenden Themas wird. Anschließend vermittelst du dein Wissen an Mitschülerinnen und Mitschüler, die einen anderen Teilbereich bearbeitet haben.

1. Schritt: Die Teams finden sich

Die Lehrkraft teilt euch in mehrere Teams ein. Jedes Team hat z. B. vier Mitglieder und sitzt an einem Gruppentisch. Auf jedem Tisch liegen vier Infoblätter, z. B. eines zum Thema 1 (Dispokredit), eines zum Ratenkredit (2), eines zum Immobilienkredit (3) und eines zum Umschuldungskredit (4). Innerhalb der Gruppe bestimmt ihr, welches Teammitglied der Experte zu welchem Thema werden möchte. Gibt es noch Unklarheiten? Welche Fragen habt ihr zu den einzelnen Themen? Schreibt sie auf.

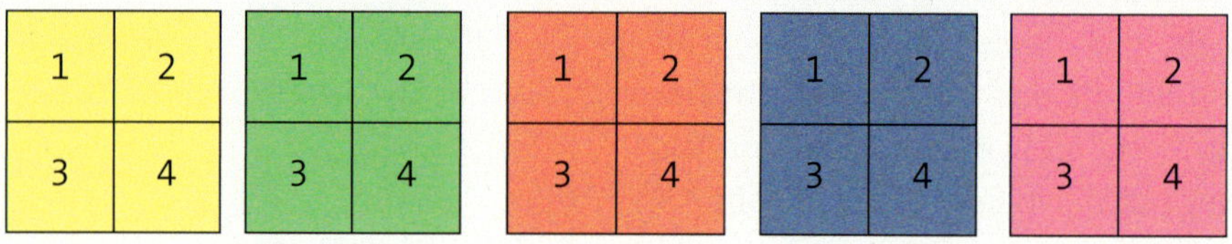

2. Schritt: Ab zur Expertenrunde

Wenn du dein Thema gefunden hast, triffst du dich am Expertentisch mit den Mitgliedern der anderen Teams, die die gleiche Fragestellung bearbeiten wie du. An einem Tisch sitzen also nur die Schülerinnen und Schüler, die sich mit dem Dispokredit beschäftigen, am anderen diejenigen, die den Ratenkredit zum Thema haben usw. ...

Jeder liest die Fragen vor, die in seinem Team gestellt wurden. Könnt ihr gleich einige Fragen spontan beantworten?

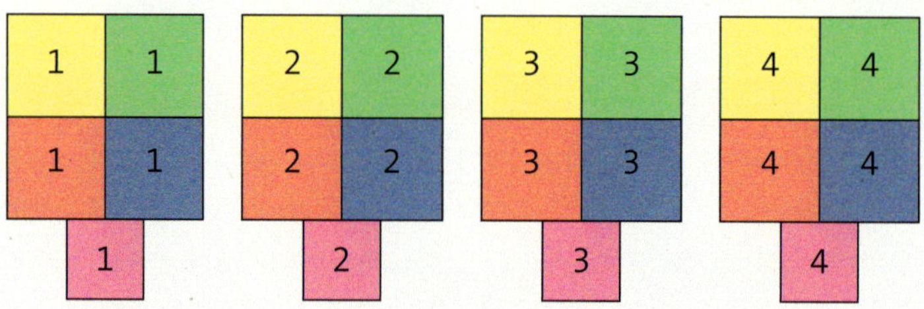

Auf den Expertentischen liegt zusätzliches Material, mit dem ihr zu eurer Fragestellung forschen könnt. So liegt z. B. auf dem Tisch zum Dispokredit ein Interview mit einem jungen Mann, der sein Konto stark überzogen hat und berichtet, wie viel Zinsen er bezahlen muss.

Bearbeitet euer Thema und überlegt, wie ihr euer Wissen am besten präsentieren könnt.

3. Schritt: Informiere dein Team

Wenn alle Experten informiert sind kehren sie in ihre Teams zurück und berichten, was sie in der Expertengruppe zu ihrem Thema gelernt haben. Beantworte alle Fragen, die euer Team sich vorher gestellt hat. Gemeinsam löst ihr eine Arbeitsaufgabe. Z. B. könnte deine Lehrkraft einen Lückentext vorbereitet haben, den ihr ergänzen sollt.

1	2	1	2	1	2	1	2	1	2
3	4	3	4	3	4	3	4	3	4

4. Schritt: Reflexionsphase

Im Klassengespräch schaut ihr noch einmal zurück auf die Unterrichtseinheit. Berichtet, wie das Gruppenpuzzle in eurer Klasse funktioniert hat.

- Was könnt ihr das nächste Mal besser machen?
- Was habt ihr gelernt?
- Was war besonders interessant?
- Habt ihr etwas gelernt, was für euer zukünftiges Erwachsenenleben wichtig ist?
- ...

Bist du startklar?

1 Vier Bereiche bilden das Kerngeschäft eines Kreditinstituts. Was bedeuten die vier Begriffe? Erstelle eine Tabelle und erkläre in Stichpunkten.

Zahlungsverkehr	Vermögensverwaltung	Devisentausch	Kreditgeschäft

2 Welche Zahlungsart ist für welche Zahlung geeignet?

Von meinen Eltern bekomme ich jeden Monat 30 Euro Taschengeld auf mein Konto.

Mein Enkel Florian hat nächste Woche Geburtstag. Ich würde ihn ja gerne besuchen. Aber er wohnt in Berlin und das ist für mich eine weite Reise. Sein Geldgeschenk stecke ich in einen Briefumschlag und schicke es ihm mit der Post.

Ich habe mir im Internet einen Kopfhörer bestellt. Im Päckchen liegt eine Rechnung auf der steht: „Bitte zahlen Sie ohne Abzüge binnen 14 Tagen nach Erhalt der Ware."

Ich ziehe in eine neue Wohnung. Für Festnetz- und WLAN schließe ich einen Vertrag mit einem Telefonversorger ab. Meine Telefongebühren hängen davon ab, wie viel ich telefoniere und ändern sich von Monat zu Monat.

3 Julia erzählt Saskia, dass sie sich beim Onlinebanking ihrer Hausbank angemeldet hat. „Das habe ich mir auch schon überlegt", sagt Saskia, „aber ist das denn nicht sehr unsicher?" Julia antwortet: „Wenn du ein paar Sicherheitstipps beachtest, ist es gar nicht gefährlich. Du musst allerdings ..."
Wie könnte Julia argumentieren? Schreibe einen Dialog und führe ihn anschließend mit einem Partner oder einer Partnerin vor.

4 Du siehst an einer Supermarktkasse einen Aufkleber mit diesem Zeichen.

a Erkläre, was das Zeichen bedeutet.

b Welche Regeln sollten Kunden beim Umgang mit diesem Bezahlverfahren beachten?

5 Du hast verschiedene Formen der Geldanlage für Privatkunden kennen gelernt. Erstelle eine Mindmap.

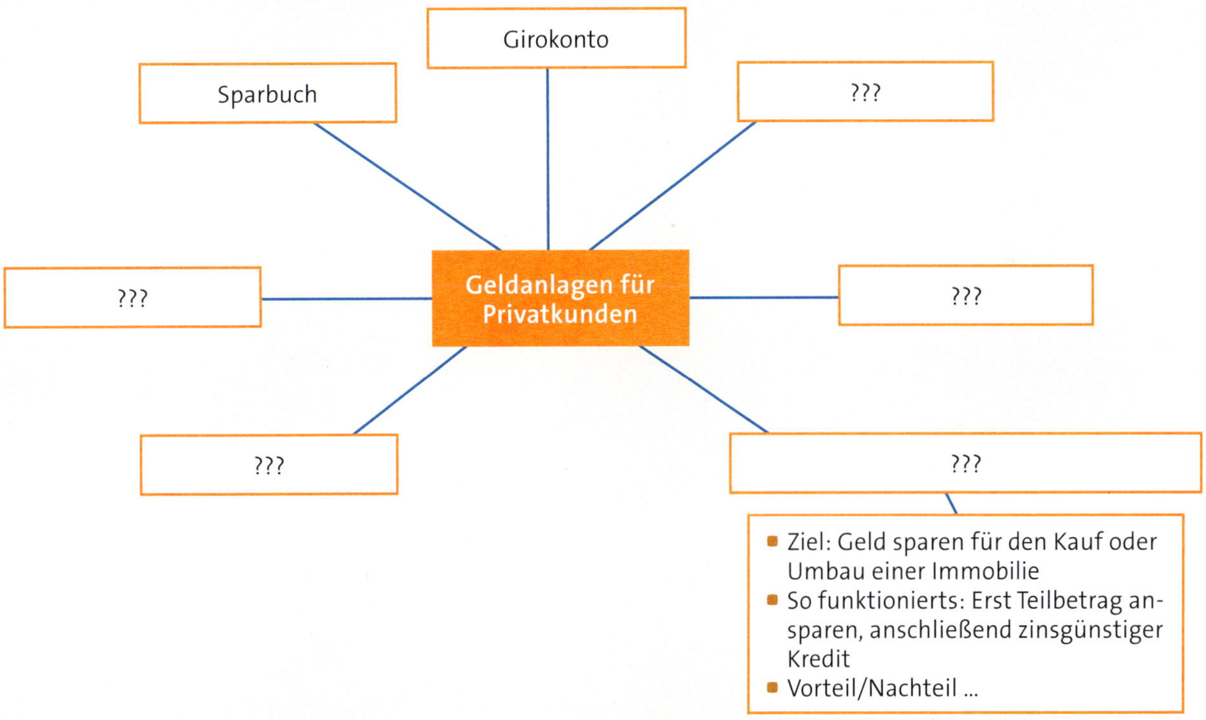

6 Robert ist Azubi und möchte sich ein Auto kaufen. Schließlich ist er in einem halben Jahr volljährig und hofft, nächste Woche seine Führerscheinprüfung zu bestehen. „Leider reicht das Geld, das ich gespart habe, auch für eine kleines gebrauchtes Auto noch nicht. Ich werde morgen zur Bank gehen und fragen, ob ich einen Kredit bekommen kann."
Was denkst du? Wird Robert einen Kreditvertrag abschließen können?

7 Marek (26) und Yasemin (24) möchten in eine gemeinsame Wohnung ziehen. Ihr Geld reicht nicht aus, um die neue Wohnung sofort mit allen Möbeln auszustatten. Sowohl im Möbelhaus als auch von einem Internetanbieter für Heimelektronik werden sie auf besonders günstige Kredite aufmerksam. „Null-Prozent-Finanzierung – klingt doch echt gut", findet Marek.
Was würdest du den beiden raten?

KAPITEL 6

Arbeit und Wirtschaft

Arbeit und Wirtschaft gehören zusammen. Sie sind die Grundlage für den wirtschaftlichen Erfolg unseres Landes.

1. *Vermute: Was tut der Mann auf dem Bild?*
2. *Was weißt du über den Aufbau einer Firma?*
3. *Nach welchen Kriterien werden Mitarbeiter eingestellt?*
4. *Welche Hilfen erhalten Menschen, die keine Arbeit haben?*

Wir erkunden die Grundfunktionen eines Betriebs

M1 Die betriebswirtschaftlichen Grundfunktionen

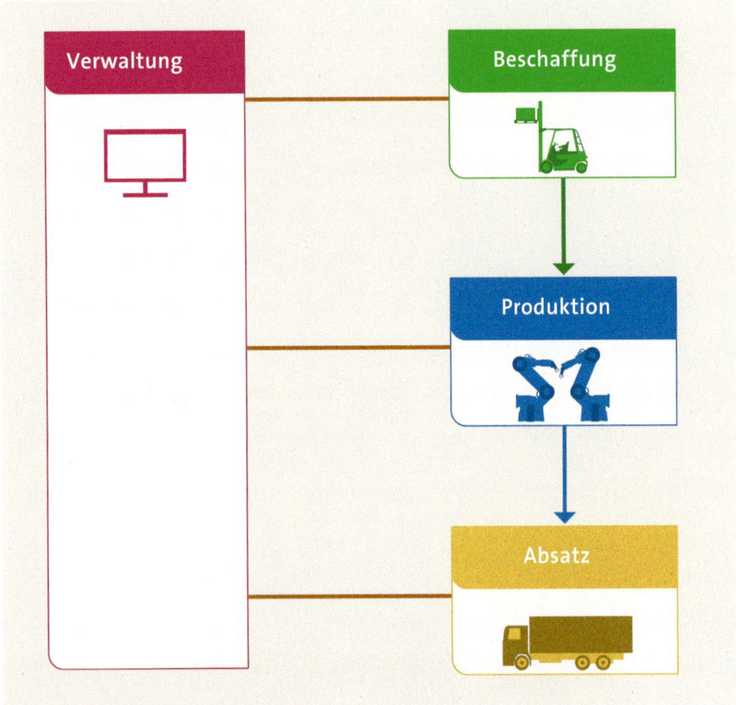

In der neunten Klasse führt deine Klasse mehrere Betriebserkundungen durch. Ihr geht in diesem Schuljahr nicht alle zusammen in einen Betrieb, sondern teilt euch in mehrere Kleingruppen auf. Besucht werden unterschiedliche Firmen mit ihren verschiedenen Abteilungen.

Betriebe sind oft ähnlich aufgebaut. Aus den zurückliegenden Schuljahren kennst du den Begriff der betriebswirtschaftlichen Grundfunktionen. Das sind Aufgaben, die ein Betrieb erfüllen muss, um bestehen zu können. Alle Funktionen sind gleich wichtig. Sie sind eng miteinander verflochten und voneinander abhängig. So kann z. B. keine Produktion erfolgen, wenn nicht genügend Betriebsstoffe beschafft wurden oder sich niemand um den Verkauf der Waren kümmert.

M2 Phasen und mögliche Arbeitsschritte einer Gruppenerkundung

Wir überlegen uns, wie wir unsere Erkundungsergebnisse präsentieren wollen (Plakate? Wandzeitungen? Computerpräsentation?).

Unsere Gruppe verfasst ein Dankschreiben an den Betrieb.

Wir üben die Durchführung eines Interviews im Rollenspiel.

Wir besprechen Verhaltensregeln und wiederholen die Bedeutung von Warnschildern.

Wir beobachten und dokumentieren betriebliche Arbeitsabläufe.

Wir präsentieren unsere Ergebnisse und laden dazu auch Betriebsangehörige ein.

Wir überlegen uns, wie wir unsere Erkundungsergebnisse notieren.

Wir teilen die Gruppen ein.

Wir blicken zurück: Was ist gut gelaufen? Was können wir beim nächsten Mal besser machen?

Wir erstellen einen Fragenkatalog, der der Firma im Voraus zugeleitet wird.

Wir bitten die Mitarbeiterinnen und Mitarbeiter, die vorbereiteten Feedback-Bögen auszufüllen.

M 3 Alles unter einem Dach: Abteilungen in einem typischen Industriebetrieb

Geschäftsleitung trifft richtungsweisende Entscheidungen

Forschung und Entwicklung
- Planung neuer Produkte
- Testen neuer Materialien
- Neue Herstellungsverfahren ausprobieren
- Testen neue Produkte

Buchhaltung
Überblick über:
- Kosten
- Preise
- Einnahmen
- Ausgaben
- Steuern

Personalabteilung
- Mitarbeiter einstellen
- Projektteams zusammenstellen
- Schulungen organisieren
- Gehaltsabrechnung vornehmen

Marketing
- Trends beobachten
- Neue Designs entwickeln
- Produkte bewerben
- Messen besuchen
- Verkaufspreise kalkulieren

Einkauf
- Maschinen und Material möglichst günstig einkaufen
- Vorhalten von Material, das nicht sofort verbraucht wird

Produktion
- Arbeiten mit Maschinen und Anlagen
- Material anfordern
- Ausführung und Qualität der Endprodukte kontrollieren

Vertrieb
- Verkauf der Produkte an weiterverarbeitende Betriebe, Händler und Endkunden
- Bestellungen aufnehmen und abwickeln
- Transport der Ware organisieren

1 Was bedeuten die Begriffe Beschaffung, Produktion, Absatz und Verwaltung (M 1)? Formuliere selbst eine Definition zu jedem Begriff und vergleiche sie anschließend mit den Erklärungen im Lexikonteil.

2 Eure Gruppenerkundung hat vier Phasen: Vorbereitung, Durchführung, Präsentation und Reflexion.

a Ordnet die Arbeitsschritte aus M 2 den einzelnen Phasen zu und bringt sie in eine logische Reihenfolge.

b Findet in der Gruppe noch weitere Arbeitsschritte und besprecht eure Vorschläge anschießend in der Klassengemeinschaft.

3 Welche Abteilungen eines Industriebetriebs (M 3) lassen sich welchen betrieblichen Grundfunktionen (M 1) zuordnen?

4 Plant eure Gruppenerkundungen und führt sie durch.

a Wie sind die Firmen, die ihr besuchen wollt, aufgebaut?

b Welche Abteilungen wollt ihr besuchen?

c Was wollt ihr beobachten? Welche Fragen wollt ihr stellen?

Wer wird eingestellt?

Fünf Schülerinnen und Schüler der Klasse 9a machen eine Gruppenerkundung und besuchen heute Herrn Weigl. Herr Weigl ist Mitinhaber eines mittelständischen Betriebs im Bereich Metallverarbeitung. Anton, Julia, Shadia, Nina und Arbesa interessieren sich bei ihrer Gruppenerkundung für den Bereich Personalplanung. Sie wollen wissen, nach welchen Kriterien Herr Weigl Mitarbeiterinnen und Mitarbeiter einstellt.

M 1 Der Unternehmer Herr Weigl erklärt seine Personalpolitik

Das wichtigste Kriterium ist die Menge der Arbeit, die in unserem Betrieb anfällt. Im Idealfall ist genau so viel Arbeit da, wie die Mitarbeiterinnen und Mitarbeiter leisten können ohne Überstunden zu machen. Ist zu wenig Arbeit für alle da, spricht man von Personalüberdeckung. Hätten wir viel zu viel Arbeit für zu wenig Angestellte, dann wäre das eine Personalunterdeckung. Beides wäre das Ergebnis einer Fehlplanung und würde unserer Firma viel Geld kosten.
Das zweite Kriterium ist die Qualität der Arbeit, die unsere Mitarbeiterinnen und Mitarbeiter leisten. Ideale Kolleginnen und Kollegen überzeugen durch Wissen, Können und Leistungsbereitschaft. Wissen umfasst das Fachwissen, das sich ein Bewerber oder eine Bewerberin im Laufe ihrer Entwicklung angeeignet hat. Dazu zählen zum einen Kompetenzen, die er oder sie schon in der Schule gelernt hat, z. B. die Rechenfähigkeit oder die Fähigkeit, eine fehlerfreie E-Mail an einen Kunden zu schreiben. Der andere Anteil sind Fertigkeiten aus dem Berufsleben. Wenn wir eine Stelle ausschreiben, gehen wir davon aus, dass unsere Bewerberinnen und Bewerber mit ihrem Berufsabschluss diese Voraussetzungen erfüllen. Wir achten bei der Einstellung deshalb vor allem auf das Können und die Leistungsbereitschaft unserer neuen Beschäftigten.

M 2 Folgen von Personalunter- und Personalüberdeckung

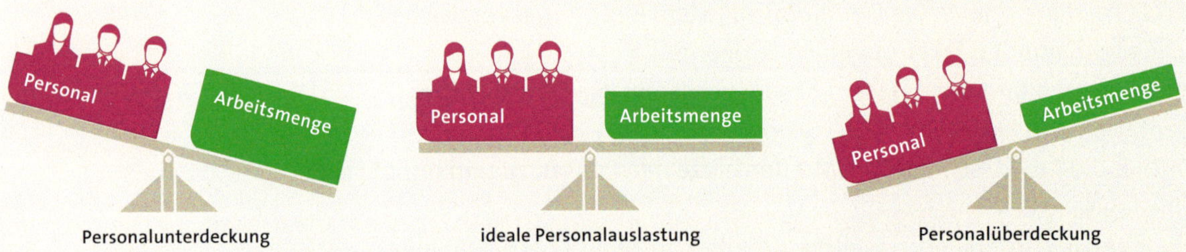

Personalunterdeckung	Personalüberdeckung
▪ Arbeit wird nicht oder nicht rechtzeitig geschafft ▪ Lieferverzögerungen und möglicher Qualitätsverlust ▪ Kunden sind unzufrieden ▪ übermäßige Belastung der Beschäftigten ▪ höherer Krankenstand und Unzufriedenheit der Beschäftigten ▪ Mitarbeiterinnen und Mitarbeiter verlassen die Firma	▪ Lohnkosten zu hoch ▪ Produktionskosten steigen ▪ Umsatz und Gewinn sinken ▪ Entlassungen drohen ▪ Imageschaden für die Firma

M3 Eigenschaften eines idealen Mitarbeiters oder einer Mitarbeiterin

Leistungsfähigkeit		Leistungsbereitschaft
Wissen	**Können**	**Wollen**
Fachwissen: kognitive* Fähigkeiten und Kenntnisse und Fähigkeiten aus Aus- und Fortbildung beruflicher Erfahrung	Schlüsselqualifikationen, emotionale Kompetenz und Kommunikationsfähigkeit: ▪ ich kann ihm bzw. ihr Aufgaben delegieren ▪ er oder sie kann kommunizieren und ist gruppenfähig	▪ der Kollege bzw. die Kollegin ist bereit, die eigene Arbeitskraft engagiert einzubringen

M4 Unternehmer Weigl erläutert seine Personalplanung

Elektromeisterinnen und Elektromeister oder Technikerinnen und Techniker der Fachrichtung Mechatronik auf dem freien Markt zu finden ist schwierig. Wir greifen deshalb vor allem auf unsere eigenen Beschäftigten zurück, die wir schon kennen, und qualifizieren sie weiter. Die meisten Führungskräfte sind schon seit ihrer Ausbildung bei uns. Wer sich engagiert einbringt, hat gute Aufstiegschancen. Unsere Personalplanung ist darauf ausgerichtet, unsere Mitarbeiterinnen und Mitarbeiter an den Betrieb zu binden, damit ihr wertvolles Knowhow nicht verloren geht. In regelmäßigen Mitarbeitergesprächen schließen wir Zielvereinbarungen und erfahren so auch, bei welchen Themen sich unsere Angestellten Sorgen machen und können darauf reagieren. So bieten wir heute zwölf verschiedene Arbeitszeitmodelle an. In unserer Kantine gibt es inzwischen auch vegetarische Gerichte und eine Salatbar. Rege nachgefragt wird auch die Kinderbetreuung, die wir an drei Wochen in den Schulferien anbieten. Ganz klar, dass die Kleinen da auch viel forschen und entdecken dürfen. Unsere Mitarbeiterkinder sind vielleicht die Kollegen von morgen.

* **kognitiv**
das Denken, Verstehen oder Wissen betreffend

Salatbar in der Firmenkantine

1 Betrachte **M 2**. Es ist wichtig, dass Arbeitsmenge und Arbeitskraft in einem Betrieb ungefähr im Gleichgewicht sind.
  a Welche Folgen hat es, wenn für die anfallende Arbeit zu viele oder zu wenige Arbeitskräfte zur Verfügung stehen?
  b M Wie kann ein Betrieb kurzfristige Über- oder Unterdeckungen ausgleichen? Befrage bei deiner Betriebserkundung einen Experten.

2 Arbeitet in Gruppenarbeit aus **M 3** heraus, woran man erkennt, ob Beschäftigte leistungsfähig und leistungsbereit sind. Sucht in der Gruppe nach Eigenschaften und erklärt sie jeweils an einem Beispiel.

3 Die Firma von Herrn Weigl versucht Mitarbeiterinnen und Mitarbeiter langfristig an das Unternehmen zu binden.
  a Durch welche Maßnahmen wird das erreicht? Lies **M 1** und **M 4** und erstelle eine Stichpunktliste.
  b Befrage Erwachsene, wie sie sich eine „gute" Firma vorstellen.

Ökologische und soziale Verantwortung eines Betriebs

Die ökologische Verantwortung des Betriebs

Jedes Unternehmen in Deutschland ist verpflichtet, die Umweltgesetze einzuhalten. Viele dieser Regelungen gelten nicht nur in Deutschland, sondern in allen Ländern der Europäischen Union. Sie bestimmen die Mindestanforderungen, denen Betriebe genügen müssen, um die Umwelt zu schützen. Die Einhaltung der Gesetze wird streng kontrolliert. Wer gegen die Regeln verstößt und erwischt wird, muss mit Geld- oder Gefängnisstrafen rechnen.

Saubere Luft zum Atmen ist eine Ressource, die allen Bürgerinnen und Bürgern zur Verfügung stehen soll. Alle Firmen und Bürger müssen sich deshalb an das Bundesimmissionsschutzgesetz halten (Kooperationsprinzip). Jeder muss darauf achten, dass die Luft sauber bleibt (Vorsorgeprinzip). Wenn an einer vielbefahrenden Straße die Luft zu verschmutzt ist, muss die Kommune Maßnahmen ergreifen. Z. B. kann sie verlangen, dass die Autos dort nicht mehr so schnell fahren dürfen (Gemeinlastprinzip). Wenn eine Firma durch ihre Abgase die Luft verschmutzt hat, muss sie z. B. Filter einbauen oder ihre Produktion einstellen (Verursacherprinzip).

M 1 Prinzipien bei der Anwendung von Umweltgesetzen

Vorsorgeprinzip Naturgrundlagen und Ressourcen sind geschützt und schonend in Anspruch zu nehmen. Schäden und Belastungen der Umwelt sind zu vermeiden.	**Verursacherprinzip** Wer einen Umweltschaden verursacht hat, muss dafür geradestehen. Er muss entweder sanieren (d. h. nach Möglichkeit den Ursprungszustand wiederherstellen) und/oder Schadensersatz bezahlen.
Kooperationsprinzip Staat und Gesellschaft müssen bei den Entscheidungen, die den Umweltschutz betreffen, zusammenarbeiten. Der Staat erlässt die Gesetze und überwacht deren Einhaltung.	**Gemeinlastprinzip** Weil die Erhaltung und die Wiederherstellung der Umwelt im Interesse aller Menschen liegt, kommt der Staat für eine Schadensbeseitigung auf, wenn kein Verursacher gefunden werden kann.

M 2 Welches umweltschutzrechtliche Prinzip wird angewandt?

A	In einer Kleinstadt gab es vor 50 Jahren eine wilde Mülldeponie. Jeder Bürger durfte in eine Grube hineinwerfen, was er wollte. Jetzt hat sich herausgestellt, dass die alte Deponie das Grundwasser belastet. Sie wird für viel Geld abgedichtet. Die Kosten trägt der Staat.
B	Ein Betrieb muss sein Abgas reinigen, bevor es über einen Kamin ausgeleitet wird.
C	Im Bundestag wird ein neues Chemikaliengesetz erlassen. Alle Unternehmen in Deutschland müssen die neuen Vorschriften jetzt einhalten.
D	Bei einer Firma ist nach einem technischen Defekt Öl ausgelaufen und hat Erdreich verunreinigt. Die Firma muss deshalb Schadenersatz an einen Landwirt leisten und auf ihre Kosten den verunreinigten Boden austauschen lassen.

Die soziale Verantwortung des Betriebs

Genauso, wie Unternehmen die Umwelt vor Schäden bewahren müssen, haben sie auch eine Fürsorgepflicht ihren Mitarbeitern gegenüber. Sie müssen alle arbeitsrechtlichen Vorschriften einhalten, z. B. Urlaub gewähren, die Arbeitszeitregelungen beachten, usw. Auch im Arbeitsrecht gilt der Grundsatz: Gesetze und Verordnungen sind dazu da, dass sie befolgt werden. Wer sich nicht daran hält, wird bestraft.

Viele Firmen tun viel mehr für den Erhalt der Umwelt und das Wohlergehen ihrer Beschäftigten, als sie müssten. Sie handeln aus Überzeugung. Oder sie wollen in Zeiten des Fachkräftemangels ihre Mitarbeiterinnen und Mitarbeiter halten bzw. neue gewinnen. Außerdem ist es gut für den Ruf einer Firma, wenn sie zeigen kann, dass sie die Umwelt schützt und ein guter Arbeitgeber ist. Ziele der sozialen Verantwortung sind z. B. die Entlastung Älterer, die Vereinbarkeit von Familie und Beruf, die Förderung der Gesundheit der Beschäftigten, das Engagement für soziale Einrichtungen usw. Die Mitarbeiterinnen und Mitarbeiter werden bei der Umsetzung aller Maßnahmen aktiv beteiligt.

M 3 Maßnahmen der ökologischen und sozialen Verantwortung, die bayerische Firmen bereits umgesetzt haben

alle Beschäftigten nehmen an Umweltschutz-Workshops teil	regionale Lieferketten	Azubis erhalten einen Zuschuss zu den Führerscheinkosten
Einsatz stromsparender Leuchtmittel, Elektro- und Kühlgeräte und Strom aus nachhaltigen Quellen	Recyclingkonzepte für alle Arten von Reststoffen, Verringerung des Restmülls	aktive Pause: Jeden Tag 15 Minuten Gymnastik unter Anleitung eines Fitnesstrainers während der Arbeitszeit.
frisches Obst und zuckerfreie Getränke für alle Mitarbeiter	Stressbewältigungskurse für alle Beschäftigten	Entlohnung nach Tarif oder darüber
Mitarbeiterinnen und Mitarbeiter müssen in ihrer Freizeit nicht ständig erreichbar sein	regelmäßige Betriebswandertage und feste Sportgruppen	Arbeitszeitmodelle in Absprache mit den Beschäftigten

1 Welchen Sinn haben die Umweltgesetze? Erkläre.

2 Lies **M 1** und ordne die Fälle aus **M 2** zu.

3 Werte **M 3** aus:

a Welche Maßnahmen sind ökologisch, welche sind sozial motiviert? Ordne in einer Tabelle.

b Begründe, welche Maßnahmen du besonders gut findest.

c Hast du noch weitere Vorschläge? Schreibe sie auf.

Was hilft gegen Arbeitslosigkeit?

Deine Berufsberaterin oder dein Berufsberater ist einer von etwa 100000 Mitarbeiterinnen und Mitarbeiter, die bundesweit für die Bundesagentur für Arbeit tätig sind. Die allermeisten von ihnen arbeiten in anderen Abteilungen, denn die Berufsberatung ist nur ein kleiner Arbeitsbereich dieser großen Behörde.

Die Bundesagentur hat die Aufgabe, die Beschäftigung in Deutschland zu fördern und die Arbeitslosigkeit zu bekämpfen und die Zahl der Arbeitslosen zu ermitteln. Ihre Zentrale ist in Nürnberg.

Du weißt, dass Arbeitslose* sogenannte „Lohnersatzleitungen" erhalten können, wenn sie selbst nicht arbeiten können. Leistungen bekommt aber nur, wer bestimmte Voraussetzungen erfüllt, z. B. mindestens zwei Jahre versicherungspflichtig gearbeitet hat. Der Bezug von Arbeitslosengeld ist außerdem befristet auf höchstens eineinhalb Jahre.

Die Bundesagentur für Arbeit wird nicht erst aktiv, wenn jemand arbeitslos wird, sondern arbeitet auch vorbeugend. Finanziert wird sie durch die Beiträge zur Arbeitslosenversicherung, die Arbeitgeber und Arbeitnehmer bezahlen müssen. Darüber hinaus erhält sie bei Bedarf Zuschüsse vom Bund.

* **Arbeitslose**
Personen, die keine Ausbildungs- oder Arbeitsstelle haben, obwohl sie arbeiten wollen, sind arbeitslos. Daneben gibt es noch die sogenannte „stille Reserve". Dazu gehören die Leute, die es aufgegeben haben, nach bezahlter Arbeit zu suchen. Nicht mitgezählt werden in der Statistik Arbeitslose, die in Maßnahmen der Agentur für Arbeit sind.

* **Prognose**
eine Voraussage für einen Zustand oder eine Entwicklung in der Zukunft. Zur Berechnung dienen Zahlen aus der Vergangenheit und Gegenwart.

M 1 Aufgaben der Berufsberatung für Jugendliche

- Vermittlung von Ausbildungsstellen und Jobs
- Anregungen zur Studien- und Berufswahl
- Förderung der Berufsausbildung

M 2 Weitere Aufgabenbereiche der Bundesagentur für Arbeit

Arbeitsvermittlung
Arbeitsstellen und Arbeitssuchende werden zusammengebracht – nicht nur im persönlichen Gespräch, sondern auch übers Internet.

Hilfen für Menschen mit Behinderung
Wer behindert ist, bekommt z. B. Hilfen beim Einstieg in den Beruf, bei der Anpassung des Arbeitsplatzes an die eigenen Bedürfnisse oder finanzielle Hilfen.

Zahlung von Leistungen
Wenn jemand arbeitslos gemeldet ist oder nicht in vollem Umfang arbeiten kann, zahlt die Bundesagentur „Leistungen". Diese Leistungen heißen z. B. Arbeitslosengeld, Arbeitsförderung, Kurzarbeitergeld oder Ausbildungsbeihilfe. In diesem Bereich sind die meisten Mitarbeiterinnen und Mitarbeiter der Behörde beschäftigt.

Arbeitsmarktbeobachtung, Arbeitsmarkt- und Berufsforschung
Hier werden Statistiken und Prognosen* erstellt. In regelmäßig veröffentlichten Statistiken kann man sich z. B. informieren, in welchen Berufen und in welchen Regionen wie viele Menschen arbeitslos sind. Es gibt auch Statistiken über Ausbildungsstellen, Schulabgänger usw.

Weiterbildung
Menschen, die arbeitslos sind oder denen Arbeitslosigkeit droht, sollen durch Kurse und Weiterbildungen wieder fit für den Arbeitsmarkt gemacht werden.

Familienkasse
Die Auszahlung von Kindergeld und Kinderzuschlag ist keine Arbeitsmarktaufgabe. Sie wird aus organisatorischen Gründen von den Arbeitsagenturen mit übernommen.

M 3 Warum werden Menschen arbeitslos?

- Wenn die wirtschaftliche Entwicklung nachlässt, vermindert sich die Nachfrage nach Gütern und Dienstleistungen. Deshalb entlassen die Unternehmen Beschäftigte. Diese sind dann **Konjunkturarbeitslose.** Wenn sie allerdings lange Zeit keinen Anschlussjob finden werden sie zu **Langzeitarbeitslosen.**
- Wer im Baugewerbe und in der Landwirtschaft arbeitet, hat im Winter, wenn es kalt ist, weniger zu tun. Auch Mitarbeiterinnen und Mitarbeiter in der Tourismusbranche sind dann eventuell **saisonal arbeitslos**. Meistens verschwindet diese Form der Arbeitslosigkeit im Jahresverlauf wieder.
- Die Arbeitswelt verändert sich – und mit ihr auch die Anforderungen an die Arbeitnehmerinnen und Arbeitnehmer. Wenn das Qualifikationsprofil eines Arbeitslosen nicht zum Anforderungsprofil verfügbarer Jobs passt, spricht man von **struktureller Arbeitslosigkeit**.
- Wenn dort, wo der Arbeitslose wohnt, kein Job für ihn zu bekommen ist, dann ist er **regional arbeitslos**.
- Den geringsten Anteil aller Arbeitslosen machen Personen aus, die sich im Übergang zwischen einer alten Tätigkeit und der Aufnahme einer neuen Tätigkeit befinden. Diese sogenannte **friktionelle oder Übergangsarbeitslosigkeit** ist meist nur kurzfristig.

M 4 Veränderung der Arbeitslosenzahlen im Zeitverlauf

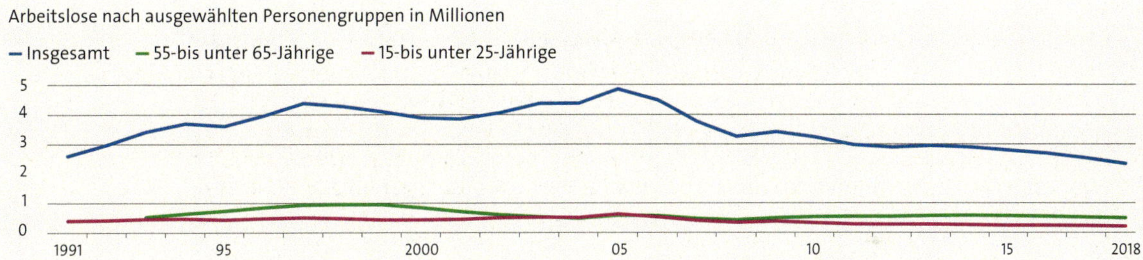

Jahresdurchschnittswerte, Quelle: Bundesagentur für Arbeit, nach: Statistisches Bundesamt, Statistisches Jahrbuch 2019, S. 376

1 Benenne die Aufgaben der Bundesagentur für Arbeit (**M 1**) und (**M 2**):
  a Erkläre deinem Partner oder deiner Partnerin drei Aufgabenbereiche.
  b Schreibe alle Maßnahmen der Bundesagentur für Arbeit, die du in dem Text findest, heraus.

2 Erkläre mit deinen Worten, was mit den einzelnen Maßnahmen (**M 1, M 2**) jeweils erreicht werden soll.

3 Arbeitslosigkeit hat verschiedene Ursachen: Besprecht in der Klasse, mit welcher Maßnahme (**M 1, M 2**) welche Form von Arbeitslosigkeit (**M 3**) besonders gut verhindert werden kann.

4 In der Grafik **M 4** kannst du sehen, dass sich die Arbeitslosenzahlen im Zeitverlauf verändern.
  a Ermittelt den ungefähren Bevölkerungsanteil von 55- bis 65-Jährigen und 15- bis 25-Jährigen an der Bevölkerung der Bundesrepublik Deutschland.
  b Welche Altersgruppen sind von Arbeitslosigkeit stärker betroffen als andere?
  c Warum ist die Kurve der 15- bis 25-Jährigen so flach?

Wer Waren teuer anbietet, kann weniger verkaufen als ein Konkurrent, der dieselben Waren günstiger anbietet. Auch wer Waren von höherer Qualität herstellt oder wessen Produkte moderner sind als die seiner Konkurrenten, macht mehr Geschäft. Ein tolles System für den Kunden, der gute Waren möglichst günstig einkaufen will. Weil sich die Preise ohne staatliche Eingriffe bilden, heißt dieses System freie Marktwirtschaft.

Vor etwa 200 Jahren gab es in Deutschland für viele Arbeitssuchende nur wenig Arbeitsplätze. Die Löhne waren extrem niedrig. Von dem Geld konnten die Arbeiter sich und ihre Familien nicht am Leben erhalten. Wer aufgrund von Krankheit oder Behinderung nicht arbeiten konnte, verdiente gar nichts. Die Einkommen waren zwischen Arm und Reich sehr ungleich verteilt. Für die soziale Sicherheit war die Großfamilie zuständig. Viele Menschen hungerten und auch Kinder mussten zum Lebensunterhalt mit beitragen. Hier erwies sich die freie Marktwirtschaft als ein ungerechtes, hartherziges System.

Um solche Zustände abzuwenden nimmt heute die freie Marktwirtschaft in Deutschland zwar breiten Raum ein, wird jedoch um eine soziale Komponente ergänzt. Unsere Wirtschaftsform heißt deshalb soziale Marktwirtschaft. Im Grundgesetz, das du bereits aus dem Unterricht in Geschichte/Politik/Geographie kennst, ist das Sozialstaatsprinzip festgeschrieben. Es besagt, dass der Staat eine Fürsorgepflicht gegenüber seinen Bürgern hat. Unter dem Schutzschirm des Sozialstaats soll niemand allein gelassen werden, wenn er durch schwierige Umstände wie zum Beispiel Krankheit oder Arbeitslosigkeit in Not geraten ist. Der Staat sorgt auch für alte und benachteiligte Menschen, wenn sie selbst oder ihre Angehörigen dazu nicht in der Lage sind. Jeder Bundesbürger soll ein menschenwürdiges Leben führen können.

Damit der Staat (Bund, Länder und Kommunen) seinen sozialen Aufgaben nachkommen kann, braucht er Einnahmen. Die erzielt er über Steuern von seinen Bürgerinnen und Bürgern und den Unternehmen. Dabei gilt das Solidaritätsprinzip: Wer mehr hat, muss auch mehr an den Staat abgeben. Die Sozialversicherung* (**M1**) finanziert sich überwiegend durch Beiträge, die von Beschäftigten und Unternehmen bezahlt werden. Sie sind größtenteils zweckgebunden, reichen aber für alle Ausgaben nicht aus. Der Staat verwendet deshalb noch einen großen Teil seiner Steuereinnahmen für Zuschüsse zu den Sozialversicherungen.

* **Unfallversicherung**
Neben den in **M1** genannten Sozialversicherungen gibt es noch die ausschließlich von den Arbeitgebern finanzierte Unfallversicherung. Sie tritt bei Arbeitsunfällen ein (Unfälle bei der Arbeit und auf dem Weg zur Arbeit). Auch Schülerinnen und Schüler, Azubis sowie Studenten und Studentinnen sind hier versichert.

M1 Die wichtigsten Säulen der sozialen Sicherung

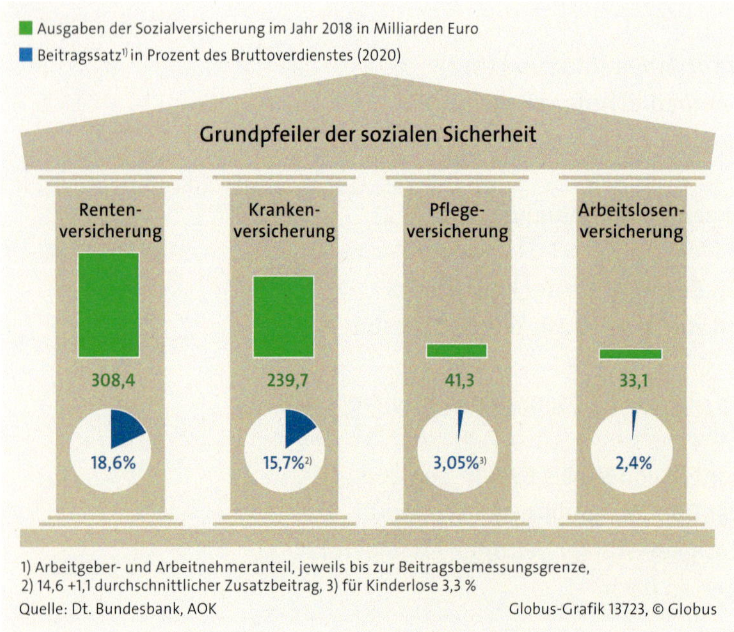

Der Staat muss in seinem Handeln für soziale Gerechtigkeit und soziale Sicherheit sorgen. Das steht im Grundgesetz (Artikel 20). Einfach abschaffen darf den Sozialstaat deshalb niemand. Was der Staat genau leisten muss, kann man dort aber nicht ablesen. Denn die Leistungen werden dem Leben der Menschen immer wieder neu angepasst. Das Elterngeld* war so eine soziale Maßnahme, die im Jahr 2007 eingeführt wurde.

Die Höhe und Art der Sozialleistungen in Deutschland sind nicht unumstritten. Es gibt betroffene Personengruppen (zum Beispiel Arbeitslose, chronisch Kranke, Alleinerziehende, Behinderte, usw.), denen einzelne Leistungen nicht weit genug gehen. Andere Interessengruppen plädieren für eine Rücknahme von Leistungen.

* **Elterngeld**
Damit werden junge Familien nach der Geburt eines Kindes unterstützt. Es soll Müttern und Vätern erleichtern, ihre Erwerbstätigkeit zu unterbrechen oder einzuschränken, um sich der Fürsorge ihres Babys widmen zu können.

M 2 Sozialstaat Deutschland

Kinder- und Jugendhilfe
z. B. Erziehungsbeistände, Schulbegleiter

Wohnungsbau
z. B. Bau und Bezuschussung von Sozialwohnungen

Tarifrecht
z. B. Tarifverträge garantieren Lohnhöhen und schaffen Sicherheit

Altenhilfe
z. B. kostenlose Freizeitangebote für Senioren, Tagespflege ...

Steuersystem
z. B. Steuererleichterungen für Eltern, Familien und Behinderte

Mietrecht
z. B. Schutz der Mieter durch Regelungen zu Kündigungsfristen

Arbeitsrecht
z. B. Regelungen zum Kündigungsschutz, zur Arbeitssicherheit ...

Jugendschutz
z. B. Jugendarbeitsschutzgesetz, Jugendschutzgesetz

Städte und Gemeinden
z. B. Zuschüsse für Sportvereine, Förderungen für Schulen und Kindergärten, Finanzierung von Museen, Bibliotheken ...

Mitbestimmungsrecht
z. B. Betriebs- und Personalräte haben ein Informations- und Entscheidungsrecht in Personalfragen

Schulische Bildung
z. B. Schulwegfreiheit, Lehrmittelfreiheit, Essenszuschuss, Gebührenfreiheit ...

Grundsicherung
z. B. Sozialhilfe, Arbeitslosengeld II

1 Gib mit deinen Worten wieder, warum die Grundpfeiler der sozialen Sicherheit (M 1) wichtig sind.

2 Welche Vor- und Nachteile hat die freie Marktwirtschaft? Schreibe sowohl aus der Perspektive eines Arbeitnehmers als auch aus der eines Unternehmers.

3 Betrachte **M 2**: Welche der genannten Leistungen kennst du? Welche Leistungen können dir persönlich nutzen? Besprich dich mit deiner Lernpartnerin oder deinem Lernpartner. Tauscht euch anschließend im Klassenverband aus.

4 Warum wurde in Deutschland die soziale Marktwirtschaft eingeführt? Informiert euch bei eurer Lehrkraft in Geschichte/Politik/Geographie über die geschichtlichen Hintergründe und erstellt eine digitale Präsentation.

Wirtschaftliches Wachstum und Konjunktur

* **Volkswirtschaft**
Dazu gehören alle Haushalte, Unternehmen und staatlichen Einrichtungen in einem Staatsgebiet. Auch du bist Mitglied eines Haushalts und gehörst zur deutschen Volkswirtschaft.

* **Konjunktur**
ist ein anderes Wort für wirtschaftliche Entwicklung. Sie verläuft in Wellen, die in einer **Konjunkturkurve** dargestellt werden können.

„Die Wirtschaft schwächelt." – „Die Wirtschaft boomt." Mit solchen Aussagen wird der Zustand einer Volkswirtschaft* beschrieben. Wenn es „der Wirtschaft" sehr gut geht, spricht man von einem Boom. Die schlechte Situation ist die Depression. Diese beiden Zustände wechseln sich im Zeitverlauf immer wieder ab, jeweils eingeleitet durch einen Abschwung bzw. einen Aufschwung. Die Zeit von einem Extrempunkt der Konjunkturkurve* bis zum nächsten dauert meist mehrere Jahre (M 1).
Wie wird der Zustand einer Volkswirtschaft beurteilt? Einige Anzeiger kann man messen und berechnen, z. B. Handelsumsätze oder Arbeitslosenquoten. Andere beschreiben Stimmungen, die vorherrschen und werden durch Umfragen ermittelt.
Die bekannteste Kennzahl zur Messung der Leistung einer Volkswirtschaft ist das Bruttoinlandsprodukt (BIP). Gemeint ist damit die Geldsumme aller Waren und Dienstleistungen, die in einem Jahr in einem Land produziert werden. Wenn sich das BIP im Vergleich zum Vorjahr erhöht, ist das der Beweis für Wirtschaftswachstum (siehe **M 3**).
Wirtschaftswachstum freut die Regierungen. Denn eine starke Wirtschaft führt zu stabilen Jobs, neuen Arbeitsplätzen, Lohnerhöhungen und steigenden Steuereinnahmen.

M 1 Von Boom zu Boom

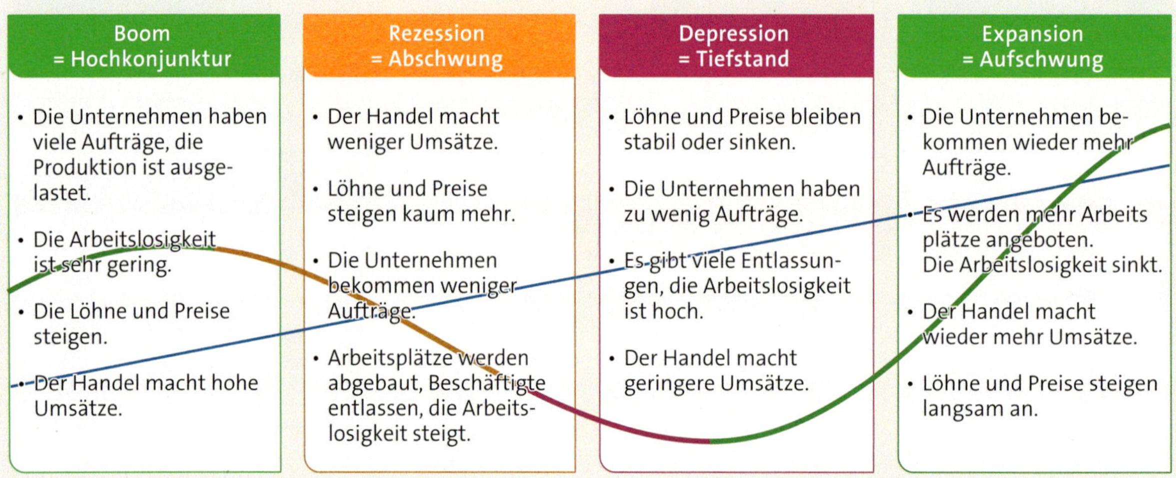

Die wirtschaftliche Entwicklung einer Volkswirtschaft verläuft nicht geradlinig, sondern in Wellen. Insgesamt steigt die Kurve aber nach oben. Diese Bewegung nennt man Wachstumstrend. Sie wurde in der Grafik durch eine blaue Linie dargestellt.

1 Vermutet: In welcher konjunkturellen Phase befinden wir uns aktuell? Gibt es viele Arbeitslose? Machen die Beschäftigten in den Unternehmen viele Überstunden? Besprecht euch in der Klasse.

2 In **M 1** werden die vier Phasen der Konjunkturentwicklung beschrieben. Erstellt zusammen mit eurer Nachbarin oder eurem Nachbarn einen Lückentext, in dem Schlüsselbegriffe oder Erklärungen fehlen. Stellt euch die Lückentexte in der Klasse gegenseitig vor und lasst sie von euren Klassenkameradinnen und -kameraden ausfüllen.

M 2 Die Entwicklung der Arbeitslosenquote in Deutschland

Ein wichtiger Anzeiger für den Konjunkturverlauf ist die Arbeitslosenquote. Als Arbeitslosenquote bezeichnet man das Verhältnis von Arbeitslosen zu Erwerbspersonen* in einem Land.

$$\text{Arbeitslosenquote (in \%)} = \frac{\text{Arbeitslose}}{\text{Erwerbspersonen}} \times 100$$

Eine geringe Arbeitslosigkeit ist ein Anzeiger für eine gut funktionierende Volkswirtschaft. Liegt die Arbeitslosenquote etwa bei einem Wert von zwei Prozent, spricht man von Vollbeschäftigung.

Arbeitslosenquoten in West- und Ostdeutschland 1975–2019 in Prozent aller abhängig zivilen Erwerbspersonen

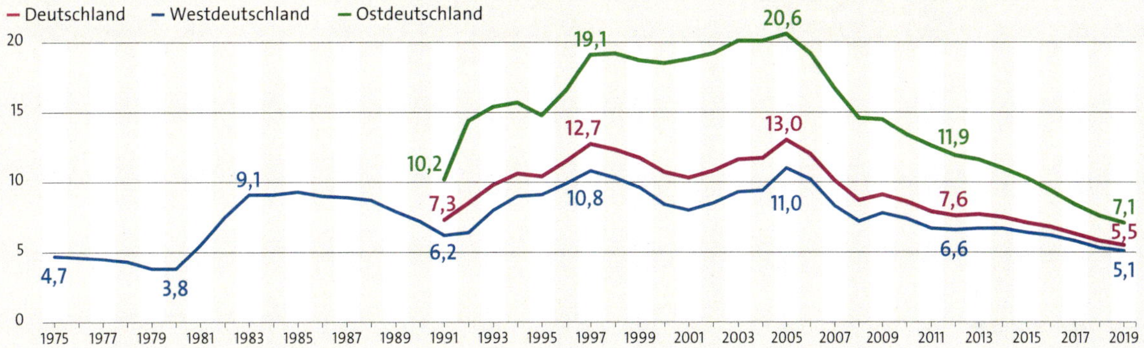

Quelle: Statistik der Bundesagentur für Arbeit (2020): Arbeitslosigkeit im Zeitverlauf (Westdeutschland ohne, Ostdeutschland mit Berlin)

M 3 Veränderung des Bruttoinlandsprodukts in Deutschland

Bruttoinlandsprodukt im Vergleich zum Vorjahr, in Prozent

Quelle: Statistisches Bundesamt (Destatis), 2020

* **Erwerbspersonen** setzen sich aus den Erwerbstätigen (alle Personen, die einer beruflichen Tätigkeit nachgehen) und den aktuell Erwerbslosen (Personen, die innerhalb von zwei Wochen für die Aufnahme einer beruflichen Tätigkeit zur Verfügung stehen) zusammen

3 Ermittelt die aktuelle Arbeitslosenquote für Bayern und für euere Region.

4 **a** M Recherchiert im Internet die Konjunkturentwicklung der zurückliegenden 20 Jahre.

b M Steile Abschwünge werden immer durch einschneidende Ereignisse ausgelöst. Welche Ereignisse verursachten die Abschwünge in den Jahren 2008/2009 und 2020? Erstellt zu beiden Ereignissen jeweils eine digitale Präsentation.

5 Betrachte **M 2**. Warum wichen die Arbeitslosenquoten in Ost- und Westdeutschland nach der Wiedervereinigung zunehmend voneinander ab, näherten sich dann aber später einander wieder an? Nutze zur Beantwortung dieser Frage dein Vorwissen aus dem Fach Geschichte/Politik/Geographie.

Warum ist es wichtig, dass die Preise stabil bleiben?

M 1 Wenn Preise stabil sind, kann das nicht passieren

Wenn du Geld auf deinem Konto oder in deiner Geldbörse hast, kannst du es ausgeben. Du kannst es aber auch noch länger aufheben oder sparen. Egal, wann du einkaufen gehst, kannst du dich darauf verlassen, dass du für den gleichen Betrag immer ungefähr die gleiche Menge an Waren erhältst. Die Preise für das, was du in deinen Einkaufswagen packst, bleiben in etwa gleich. Das nennt man Preisstabilität.

Preisstabilität ist gut für die Bürgerinnen und Bürger eines Landes, weil sie sich darauf verlassen können, dass ihr Geld seinen Wert als Tauschmittel für Waren und Dienstleistungen über längere Zeit behält.

Das Gegenteil von Preisstabilität ist Preisinstabilität. Instabil sind Preise für Waren und Dienstleistungen dann, wenn sie sich in kurzer Zeit stark und unvorhersehbar verändern. Wenn die Preise für Güter steigen und das Geld seinen Wert verliert, dann nennt man das eine Inflation.

M 2 Inflation: viel Geld und wenig Waren

Wenn viel zu viel Geld zu wenigen Gütern gegenübersteht, wird das gefährlich. Die Menschen können sich Tag für Tag immer weniger für ihr Geld kaufen. Wer weiß, dass sein Geld schon morgen weniger wert sein wird als heute, kauft sofort möglichst viel ein und setzt dazu auch seine Ersparnisse ein, da diese ebenfalls an Wert verlieren. Dieses Verhalten nennt man Hamsterkauf. **Hamsterkäufe** führen dazu, dass der Mangel an Waren schnell immer größer wird. Hinzu kommt, dass für die Produzenten die Kosten steigen und dadurch Waren und Dienstleistungen noch teurer werden. Bald reichen Geld und Waren nicht mehr aus, um die Bevölkerung zu versorgen. Diesen Zustand nennt man **Mangelwirtschaft.** Es sind vor allem die ärmeren Bevölkerungsschichten, die von einer Inflation am ehesten und am härtesten betroffen sind. Gesellschaften, in denen eine hohe Inflation herrscht, sind deshalb instabil. Die Bevölkerung lehnt sich gegen die Regierung auf und verlangt einen Politikwechsel.

Ein leergekaufter Supermarkt in Caracas, der Hauptstadt Venezuelas, am 31.1.2019.

M3 Deflation: Zu viele Waren, wenig Konsum

Das Gegenteil der Inflation ist die Deflation. Sie kommt eher selten vor. Bei einer Deflation gibt es zu viele Waren, die nicht nachgefragt werden. Das führt zu einem Rückgang des Preisniveaus. Das klingt nur auf den ersten Blick positiv, da die Produzenten von Waren und die Händler, die ihre Waren nicht verkaufen können, aufhören zu produzieren bzw. zu handeln. Deshalb verlieren viele Menschen ihre Arbeit und damit ihr Einkommen. Sie haben immer weniger Geld auszugeben und schieben – in der Hoffnung, dass alles noch billiger werden könnte – nicht sofort nötige Anschaffungen so weit wie möglich hinaus.

Damit es weder zur Inflation noch zur Deflation kommt, wird die Geldmenge im Euroraum kontrolliert. Das macht die Europäische Zentralbank* (EZB). Ziel ist, dass die Teuerung in den Mitgliedsländern pro Jahr nicht über zwei Prozent steigt (siehe **M4**). Bei den meisten Bürgerinnen und Bürgern fangen Lohnerhöhungen diese geringe Preissteigerung auf.
Zur Kontrolle wird die Preisentwicklung in den EU-Mitgliedsländern intensiv beobachtet. In Deutschland wird z. B. einmal im Monat kontrolliert, wie hoch die Teuerungsrate im Vergleich zum Vormonat ist. Dazu „kaufen" Wirtschaftswissenschaftler den Inhalt eines „Warenkorbes". In die Rechnung gehen nicht nur die Preise von Lebensmitteln und Kleidung ein, sondern auch die von Autos, Versicherungspolicen, Strom usw.

* **Europäische Zentralbank (EZB)**
Ist eine Behörde der Europäischen Union. Sie hat ihren Sitz in Frankfurt am Main. Die EZB verleiht Geld an Staaten bzw. deren Banken. Sind diese Leitzinsen hoch, wird die Geldmenge im Euroraum verknappt. Sind sie niedrig, leihen sich die Banken mehr Geld und bringen es in Umlauf.

M4 Die Verbraucherpreise in Deutschland

Quelle: Statistisches Bundesamt

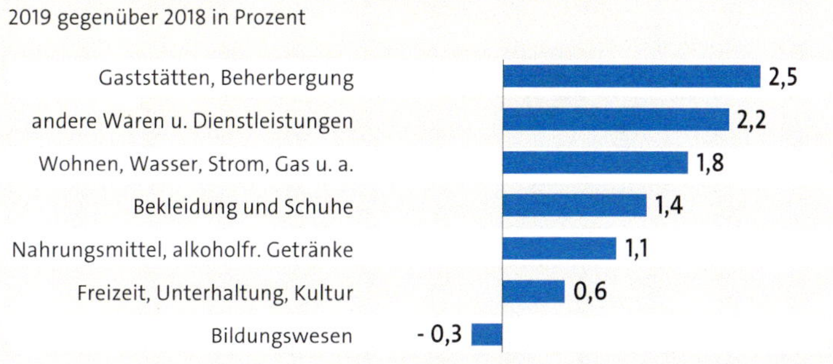

Quelle: Statistisches Bundesamt

beide Grafiken nach: Globus-Grafik 13697, © Globus

1 Welche Länder gehören aktuell zum Euroraum? Suche die Länder im Atlas und gib an, wie viele Bürger dort wohnen.

2 Warum ist eine zu hohe Inflation schlecht für die Bürger eines Landes? Erkläre den Ablauf einer Inflation mithilfe von **M1** und **M2** skizzenhaft in deinem Heft.

3 Lies **M3** und erkläre den Ablauf einer Deflation kurz mit eigenen Worten.

4 **a** M Wofür gibt eine Familie pro Jahr Geld aus? Arbeitet in der Gruppe heraus, welche Ausgaben Bestandteil des bundesdeutschen „Warenkorbs" sein könnten.

b Vergleicht eure Vermutungen anschließend mit dem aktuellen Warenkorb des Statistischen Bundesamtes auf dessen Homepage.

Bist du startklar?

1 Wie weit das Sozialstaatsprinzip in unserer Gesellschaft reichen soll, darüber gibt es unterschiedliche Auffassungen. Welche Meinung vertreten die Zeichner der untenstehenden Karikaturen?

Mindestsicherung = Grundsicherung

2 Viele Betriebe leisten für den Umweltschutz oder für ihre Beschäftigten mehr als sie gesetzlich tun müssten. Warum tun sie das? Erkläre. Die Wortkarten helfen dir dabei.

- Image
- Überzeugung
- Betriebsklima
- Gesundheit der Beschäftigten
- Verantwortungsbewusstsein

3 Welche Form von Arbeitslosigkeit liegt vor? Ordne die Fallbeispiele zu.

A	Herr Nürting hat in seiner Jugend das Handwerk des Zinngießers erlernt. Als der Betrieb, in dem er beschäftigt war, schloss, fand er in seinem erlernten Beruf keine neue Arbeit. Er schulte deshalb um zum Krankenpfleger.
B	Janinas Opa erzählt: „Als ich vor 30 Jahren mit meiner Ausbildung fertig war, suchte ich mehrere Monate nach einer neuen Anstellung. Aber die wirtschaftliche Lage war schlecht. Viele Betriebe entließen selbst langjährige Mitarbeiter."
C	Julia hat im Mai ihre Ausbildung zur Einzelhandelskauffrau beendet. Von ihrem Ausbildungsbetrieb wurde sie nicht übernommen. Zum ersten September kann sie bei einer neuen Firma anfangen. In der Zwischenzeit meldet sie sich arbeitslos.
D	Herr Rau wuchs in Mecklenburg-Vorpommern auf. Nach der Wiedervereinigung Ost- und Westdeutschlands wurden sehr viele Leute in seiner Heimatregion arbeitslos. Um ein Auskommen zu finden, zog Herr Rau mit seiner Familie nach Bayern.
E	Frau Sittl arbeitet in den Sommer- und Herbstmonaten in einer Konservenfabrik. In der kalten Jahreszeit gibt es in der Fabrik nur sehr wenig Obst und Gemüse zu verarbeiten. Sie hat dann keine Arbeit. Frau Sittl erhält während dieser Zeit Geld von der Arbeitsagentur.

4 Was weißt du alles zum Thema Preisstabilität? Finde möglichst viele Ergänzungen zu den folgenden Satzanfängen.

- Preisstabilität ist gut, weil ...
- Preisinstabilität entsteht, wenn ...
- Preisinstabilität ist schlecht, weil ...

5 Werte die nebenstehende Karikatur aus. Welche Erklärung könnte der Vater dem kleinen Jungen geben?

6 **a** Ordne die Begriffe „ideale Personalaufteilung“, „Personalunterdeckung“ und „Personalüberdeckung“ den Abbildungen zu.

b Welche Bedeutung haben die unterschiedlich großen grünen Rechtecke in den Zeichnungen?

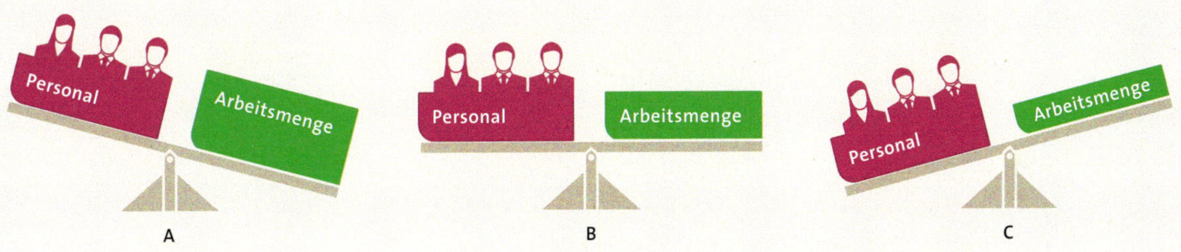

7 Die wirtschaftliche Entwicklung einer Volkswirtschaft nennt man Konjunktur. Erkläre die Begriffe „Aufschwung“, „Rezession“, „Boom“ und „Depression“ mit eigenen Worten.

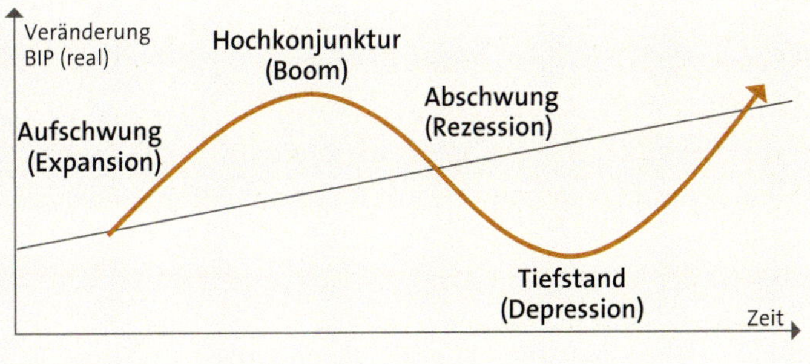

Befragen, Beobachten und Protokollieren im Betrieb

1. Schritt: Sich über den Betrieb informieren

Informiere dich vorab über den Betrieb. Was wird wie und wo hergestellt?
Welche Produktionsverfahren und -mittel könntest du vorfinden? Nutzt hierzu folgende Informationsquellen: Homepage des Unternehmens, Beiträge zum Unternehmen in Magazinen und Zeitungen, weitere Quellen im Internet, Anruf im Unternehmen (Bitte nur einmal und gut vorbereitet anrufen).

2. Schritt: Einen Fragebogen erstellen

Wichtige Informationen und Einblicke im Betrieb bekommst du entweder durch aufmerksames Beobachten oder durch Befragen von Mitarbeitern vor Ort. Tipp: Finde möglichst vorher heraus, wen du im Betrieb befragen kannst.
Erstelle hierzu einen Fragebogen. Er könnte so aussehen:

Fragebogen zur Erkundung der Firma Meier am 20.01.2024

<u>Technische Verfahren bei der Herstellung</u>

- Welche technischen Verfahren (z. B. Urformen, Umformen, Trennen...) werden bei der Herstellung angewendet?
- Welche Maschinen und Werkzeuge werden hierzu genutzt?
- Wo werden Roboter eingesetzt?
- ...

<u>Produktionsmittel des Betriebs</u>

- Über welche Grundstücke und Flächen verfügt das Unternehmen?
- Wie groß ist die Gesamtfäche des Unternehmens?
- Welche Maschinen werden im Unternehmen eingesetzt?
- ...

3. Schritt: Protokollieren und Dokumentieren im Betrieb

Protokolliere und dokumentiere deine Beobachtungs- oder Befragungsergebnisse gleich im Betrieb. Dazu kannst du entweder einen Beobachtungsbogen nutzen oder deine Ergebnisse mit einem kurzen Vermerk zur jeweiligen Frage auf deinem Block notieren. Vergiss nicht eine geeignete Schreibunterlage mitzunehmen! Sinnvoll ist es, im Betrieb zu fotografieren, zu filmen oder ein Interview aufzuzeichnen. Hierfür musst du dir vorab unbedingt die Erlaubnis des Betriebs einholen.

4. Schritt: Auswerten und Präsentieren

Bereite nach der Erkundung alle Informationen in folgenden Schritten auf:
- Informationen zusammentragen: Fotos, Aufzeichnungen, Videos, Notizen ...
- Informationen strukturieren: Erstelle ein Cluster zur besseren Übersicht.
- Interessantes auswählen: Wählt die wichtigsten Informationen aus, streicht Überflüssiges.
- Informationen zusammenfassen und anschaulich darstellen z. B. im Clip, im Referat oder auf einem Plakat.

Der Berufswahlordner

Dein Berufswahlordner soll dich bei der Berufswahl unterstützen und begleiten. Er ist eine gute Möglichkeit für dich, deinen Wunschberuf zu erkennen und schließlich vielleicht auch zu bekommen. Dieser Ordner dokumentiert alle deine persönlichen Daten, die für deine Berufswahl wichtig sind. Dazu gehören z. B. die Einschätzungen von Stärken und Schwächen, genauso wie eine Auflistung all deiner Praktika, die du im Laufe der nächsten Jahre machen wirst. Am Ende hast du eine Menge über dich selbst gelernt und alle wichtigen Informationen auf einen Blick parat. Auf dieser Grundlage kannst du deine Bewerbung erstellen.

1. Schritt: Vorbereitung

Du erstellst deinen ganz eigenen Berufswahlordner.

Du brauchst:
- einen Aktenordner im Format DIN-A-4
- mindestens fünf Registerkarten
- Klarsichthüllen
- dicke Filzstifte und Permanentmarker

Wenn du deine Materialien alle beisammen hast, kann es losgehen.

2. Schritt: Berufswahlordner anlegen

Zunächst musst du nachfragen, welche Einteilungen in dem Ordner in der Klasse üblich ist.
Wenn das festgelegt ist, geht es weiter.
Nun beschriftest du die einzelnen Registerkarten sorgfältig in einer gut lesbaren Schrift und heftest sie in den Ordner ein.

Zum Beispiel so:
- Angebote zur Berufsorientierung
- Meine Stärken und Schwächen
- Mein Berufswahlprozess
- Meine Dokumente (Praktikumsbescheinigungen, Zeugnisse, Kursnachweise ...)
- Meine Lebensplanung

3. Schritt: Berufswahlordner pflegen

Ordne alle Arbeitsblätter ein, die du bereits zum Thema Berufswahl bearbeitet hast.
Das Wichtigste und vielleicht Schwerste an einem Berufswahlordner ist, ihn regelmäßig auf den neusten Stand zu bringen und immer wieder die aktuellen Dinge einzuheften. Nur so ergibt sich ein Bild, das dir später weiterhelfen kann.

Vergesse nicht, regelmäßig einzuheften:
- Selbsteinschätzungen
- Fremdeinschätzungen
- Praktikumsbescheinigungen
- Zeugnisse und Bescheinigungen (in Klarsichthüllen)
- Informationen über deine Wunschberufe
- Bewerbungsunterlagen

Eine Collage anfertigen

Eine Collage ist eine Kunstform, bei der aus vielen kleinen Elementen etwas Neues geschaffen wird. Sie kann aus Bildern, Schnipseln, echten Gegenständen, Naturmaterialen, Stoff usw. bestehen. Viele Einzelheiten fügen sich zu einem Bild zusammen, das der Betrachter mit seinen eigenen Erfahrungen und Erinnerungen vergleichen kann.
Eine Collage selber zu machen ist gar nicht schwierig. So gehst du dabei vor:

1. Schritt: Brainstorming

Brainstorming ist Englisch und bedeutet so viel wie Gedankensturm. In dieser Phase sollt ihr euch überlegen, welche Inhalte euch zu einem Thema einfallen. Welche Bilder verbindet ihr mit diesen Inhalten im Kopf? Heißt das Thema z.B. „Schöne Ferien!", denkst du daran, dass du dann morgens lange ausschlafen kannst. Dazu passt vielleicht das Bild einer schlafenden Person im Bett. Haltet eure ersten Vorstellungen in einer Tabelle fest.

lange schlafen	*Kind im Bett mit Traumgedankenblase*
Fußballspielen	*Fußball und Fußballspieler*

2. Schritt: Auswahlphase

Wählt jetzt aus eurer Tabelle diejenigen Ideen und Vorstellungen aus, die ihr in eurer Collage umsetzen wollt. Wie lässt sich eure Vorstellung am besten umsetzen? Gibt es irgendwelche realen Gegenstände, die sich einbauen lassen? (Sand und Muscheln für einen Sandstrand, Eintrittskarten, Blumen ...?)

3. Schritt: Material sammeln und sichten

Sucht euch aus Zeitschriften Texte und Bilder aus, die zu eurem Thema passen. Wenn ihr keine fertigen Bilder findet, könnt ihr selber fotografieren, malen oder basteln. Sammelt Material, das farblich zu eurer Thematik passt. Eine Collage wird zum Hingucker, wenn nicht nur Papier auf Papier klebt, sondern auch ungewöhnliche Materialien wie Stoff, Bänder, Pappe, Fotos, Fundstücke das Auge des Betrachters auf sich ziehen.

4. Schritt: Material vorbereiten und anordnen

Bereitet euer Material vor, ordnet es auf einer Unterlage – z. B. einem großen Bogen Tonkarton – an. Bildränder wirken interessanter, wenn sie keine glatten, sondern gerissene Kanten haben. Überlegt deshalb, ob es sinnvoll ist, alle Bilder mit der Schere auszuschneiden. Lücken lassen sich am besten mit einer feinen Nagelschere oder einem Cutter-Messer ausschneiden. Ordnet jetzt alle eure Einzelteile auf der Unterlage an und fotografiert den Entwurf als Vorlage.

5. Schritt: Material fixieren

Jetzt müsst ihr eure Einzelteile mit Kleber auf der Unterlage befestigen. Papier klebt gut mit Tapetenkleister. Für Stoff und Plastikfolien braucht ihr Acrylkleber. Reale Objekte, die etwas sperriger und schwerer sind, befestigt ihr am besten mit der Heißklebepistole. Fragt eure Kunstlehrkraft, ob sie euch Hilfestellung geben kann.

Erkundungsfahrplan Betriebserkundung

Schritt	Wir ...
1. Schritt: Vorbereitung – Information über den Betrieb einholen (Internet, Anzeigen, Handwerkskammer ...) – Festlegen der Erkundungsschwerpunkte – Ansprechpartner erfragen – Terminfindung, Zeitrahmen klären – Absprache möglicher weiterer Erkundungsthemen – Sicherheitsregeln besprechen – Erlaubnis für Bild- und Tonaufnahmen einholen	**Wir ...** – besprechen unsere Interessen. – legen Erkundungsschwerpunkte fest. – erstellen treffende Fragen. – üben die Fragetechnik. – suchen und entscheiden uns für einen passenden Betrieb. – nehmen telefonisch oder schriftlich mit dem Betrieb Kontakt auf (Telefonnotizen erstellen). – üben die Technik des Mitschreibens.
2. Schritt: Durchführung – Begrüßung im Betrieb und kurze Vorstellung – evtl. Rundgang durch die verschiedenen Abteilungen für die Gesamtübersicht – Erkundung in Gruppen – Arbeitsaufgaben bearbeiten – Beobachten und Fragen stellen – Notizen machen, evtl. mit Bildern dokumentieren – Abschluss und Verabschiedung	**Wir ...** – legen fest, wer die Begrüßung/Verabschiedung spricht (Handzettel anlegen). – suchen das Gespräch mit Auszubildenden im Betrieb. – beachten alle Sicherheitsvorschriften und Anweisungen durch Betriebsangehörige. – sprechen mit leitenden Mitarbeiterinnen und Mitarbeitern im Betrieb über ihren Berufsweg.
3. Schritt: Nachbearbeitung – Auswertung und Präsentation der Ergebnisse in der Klasse – Zusammenfassung erstellen (Zeitungsartikel für die Schulhomepage, Fotoausstellung ...) – Veröffentlichung der Ergebnisse auch für den besuchten Betrieb – Datenschutz beachten	**Wir ...** – schreiben einen Erkundungsbericht. – versuchen einen Radiobeitrag zu formulieren, zu sprechen und aufzunehmen. – werten die Fotos aus. – übermitteln dem Betrieb unsere Auswertungsergebnisse.
4. Schritt: Reflexion Nachdem die Betriebserkundung abgeschlossen ist, folgt zum Schluss auch für euch selbst eine eigene Bewertung. Dabei sollt ihr genau abwägen, was bei dieser Erkundung gut gelungen ist. Wo sind Fehler gemacht worden? Welche Verbesserungsvorschläge und Maßnahmen lassen sich daraus für die Zukunft ableiten?	**Wir ...** – schreiben auf einem Plakat unsere Arbeitsschritte auf. – vergeben einzelne Wertungspunkte (0 – 4) für den Erfolg dieser Arbeitsschritte. – ordnen die Ergebnisse von sehr gut gelungen bis weniger gut. – schreiben drei Schlussfolgerungen zur Auswertung auf.

Ein Experteninterview planen und durchführen

Experten sind Fachleute, die wegen ihres Berufs oder aus Interesse über ein Thema besonders viel wissen. Ein Experteninterview ist eine Erkundungsmethode. Wenn du einen Experten zu einer bestimmten Sache direkt befragst, erfährst du viel Neues.

Die Expertenbefragung kann so ablaufen:

Einzelbefragung	schriftliche Befragung	vorgefertigte Fragen
oder	**oder**	**oder**
Gruppenbefragung	mündliche Befragung	spontane Fragen

1. Schritt: Vorbereitung

Plant euer Experteninterview:

- Welchen Experten könntet ihr befragen? Denkt an Bekannte, Verwandte, usw.
- Ruft den Experten oder die Expertin an, um zu fragen, ob und wo das Interview stattfinden kann.
- Besorgt euch Informationen über das Thema, zu dem ihr etwas genau wissen wollt.
- Bereitet in der Klasse passende Fragen vor.
- Besprecht, wer welche Fragen stellt.
- Klärt, wer die Antworten notiert.

2. Schritt: Durchführung

Stellt dem Experten oder der Expertin eure Fragen:

- Nehmt alles mit, was ihr für die Befragung braucht: Interviewfragen, Stift, Block, Fotoapparat, ...
- Grüßt höflich, wenn ihr den Interviewpartner oder die Interviewpartnerin trefft. Ihr könnt zum Beispiel sagen: „Guten Tag, vielen Dank, dass Sie sich für uns Zeit nehmen!“
- Haltet Blickkontakt zum Experten oder zur Expertin, wenn er oder sie mit euch spricht.
- Seid aufmerksam, denn das Interview lässt sich nicht wiederholen.
- Stellt eure Fragen langsam, sprecht deutlich und laut.
- Fragt immer nach, wenn ihr etwas nicht versteht. Zum Beispiel so: „Entschuldigung, aber das verstehe ich nicht. Könnten Sie mir das bitte noch einmal erklären?“ Das ist überhaupt nicht peinlich. Auch Profis fragen so nach.
- Bedankt euch zum Schluss für das Interview.

3. Schritt: Nachbereitung

Haltet eure neuen Erkenntnisse schriftlich fest.

Besprecht, wie ihr die Ergebnisse eurer Expertenbefragung präsentieren wollt. Folgendes wäre möglich:

- ein Lernplakat gestalten
- einen Bericht auf der Schulhomepage veröffentlichen
- einen Beitrag für die Schülerzeitung verfassen

Expertenrunde

1. Schritt: Setzt euch zur Expertenrunde zusammen

Setze dich mit deinen Mitschülerinnen und Mitschülern im Kreis zusammen. Jeder von euch hat seine Expertenkarte zur Hand. Gemeinsam wartet ihr auf euren ersten Fall.

2. Schritt: Mach dich zum Experten

Eure Wirtschaft-und-Beruf-Lehrkraft teilt Expertenkärtchen aus. Auf jedem Kärtchen stehen z. B. ein Auszug aus einem Gesetzestext und ein Fallbeispiel. Das sieht dann z. B. so aus:

JArbSchG (Jugendarbeitsschutzgesetz)
§ 8 Dauer der Arbeitszeit

(1) Jugendliche dürfen nicht mehr als acht Stunden täglich und nicht mehr als 40 Stunden wöchentlich beschäftigt werden.

Fallbeispiel

Der Praktikumsbetrieb von Elias vereinbart mit ihm folgende Arbeitszeiten:

Montag bis Freitag jeweils von 8 bis 17 Uhr.
Mittags ist jeweils eine Pause von 12:00 bis 13:00 Uhr vorgesehen. – Ist das OK so?

Antwort

Ja, das ist gerade noch in Ordnung. Wenn Elias an fünf Tagen pro Woche jeweils acht Stunden arbeitet (die Mittagspause zählt nicht zur Arbeitszeit), dann kommt er auf eine Wochenarbeitszeit von 40 Stunden.

Lies deinen Gesetzestext genau durch.
Ob du alles richtig verstanden hast, erkennst du, wenn du das Fallbeispiel richtig beurteilen kannst. Vergleiche deine Lösung mit der Antwort.

3. Schritt: Vermutungsphase

Eine Moderatorin oder ein Moderator – das kann eine Schülerin, ein Schüler oder auch die Lehrkraft sein – liest den ersten Fall vor. Wenn deine Expertenkarte nicht auf den Fall zutrifft, darfst du dich melden und eine Vermutung äußern.
Diese Phase ist zu Ende, wenn alle Vermutungen eingebracht wurden.

4. Schritt: Bring dein Wissen ein

Nachdem sich alle geäußert haben, kommen die „Experten“ zu Wort:
Wenn deine Expertenkarte zum Fall passt, gibst du dein begründetes Urteil ab.
Bei einfachen Fällen genügt das Fachwissen von einem einzigen Experten. Bei schwierigeren Fällen müssen mehrere Experten gemeinsam ihr Wissen einbringen.

5. Schritt: Löst den Fall

Wenn alle Experten ihr Wissen eingebracht haben, ist der Fall gelöst. Der Moderator bestätigt das richtige Urteil oder korrigiert falsche Aussagen.
Weiter geht es zum nächsten Fall ...

Kompetenzprofil

1. Schritt: Vorbereitung

Erstelle eine Tabelle mit einer breiten Spalte und vier schmalen Spalten. Du brauchst mindestens 24 Zeilen.
Trage einen Beruf ein, von dem du wissen willst, ob er zu dir passt. Übernimm in der ersten Zeile auch die Zeichen für die Einschätzungen (**– = + ++**).
Übertrage die allgemeinen Anforderungen in deine linke Spalte.
Informiere dich, welche berufsspezifischen Anforderungen dieser Beruf erfordert und ergänze sie in deiner Tabelle.
Du brauchst vier Exemplare.

2. Schritt: Selbsteinschätzung

Suche dir einen ruhigen Platz, an dem du ungestört arbeiten kannst.
Lies dir nun jede Anforderung genau durch und überlege, was sie bedeutet. Bist du dir nicht sicher? Dann recherchiere zunächst. Im Internet findet man zu jedem Begriff Erläuterungen.
Trage deine Selbsteinschätzung mit einem **grünen** Stift in die Tabelle 1 ein. Sei ehrlich zu dir selbst, alles andere bringt dich nicht weiter.

3. Schritt: Fremdeinschätzung

Überlege dir, wer dich und deine Fähigkeiten gut einschätzen kann.
Gib dieser Person eine weitere leere Tabelle (Tabelle 2) und einen **blauen** Stift. Wichtig: Die Person sollte deine Selbsteinschätzung nicht sehen!
Erkläre, wie die Eintragungen gemacht werden sollen.
Lass die Person die Einschätzung alleine ausfüllen und misch dich nicht ein.

4. Schritt: Expertenbefragung

Suche jemanden, der in diesem Beruf arbeitet. Diese Person soll die Anforderungen des Berufs allgemein einschätzen.
Erkläre, wie die Eintragungen gemacht werden sollen.
Lass den Experten die Einschätzung mit **rotem** Stift in einer dritten Tabelle eintragen.

5. Schritt: Auswertung

Trage die Eintragungen der Tabellen 1 bis 3 in einer zusammen. Das ist dein Auswertungsbogen (Tabelle 4).
Wo passen die drei Einschätzungen zusammen? In welchen Bereichen sind die grünen und blauen Punkte (noch) links des roten Punktes? Kannst du an diesen Anforderungen arbeiten oder musst du einen anderen Beruf suchen?
Wie passen dein Kompetenzprofil und deine Praktikumserfahrung zusammen?
Ein Kompetenzprofil stellt deine eigenen Fähigkeiten den Anforderungen eines Berufs gegenüber.
In jeder Zeile steht eine Anforderung, die nach ihrer Bedeutsamkeit für diesen Beruf eingeschätzt wird.
Die Zeichen bedeuten dabei:

– bei mir nicht vorhanden/für den Beruf nicht benötigt
= bei mir vorhanden/für den Beruf benötigt
+ bei mir gut ausgeprägt/wichtig für den Beruf
++ meine besondere Stärke/zwingend erforderlich für diesen Beruf

Name: *Florian Bauer*
Mein Wunschberuf: *Tiermedizinischer Fachangestellter*

Florians Einschätzung/Selbsteinschätzung	grün
Einschätzung von Florians Mutter/ Fremdeinschätzung	blau
Einschätzung eines Experten	rot

Allgemeine Anforderungen	–	=	+	++
Selbstständigkeit		rot, blau	grün	
Teamfähigkeit			rot	grün, blau
Kommunikationsfähigkeit		blau	rot	grün
Konfliktfähigkeit		rot, grün	blau	
Organisationsgeschick		grün	rot, blau	
Einfühlungsvermögen		rot	blau	grün
Kreativität	rot, blau		grün	
Ausdauer	grün	rot, blau		
Körperliche Belastbarkeit		rot, blau	grün	
Psychische Belastbarkeit		grün		rot, blau
Technisches Verständnis	rot, blau	grün		
Computerkenntnisse	grün	rot, blau		
Handwerkliches Geschick	rot, blau	grün		
Mathematik		rot, blau	grün	
Räumliches Vorstellungsvermögen	rot		blau	grün
Naturwissenschaften		rot, blau	grün	
Sprachliches Vermögen		grün, blau	rot	
Fremdsprachen	grün	rot, blau		
Berufsspezifische Anforderungen	**–**	**=**	**+**	**++**
Umgang mit Tieren				rot, blau, grün
Naturverbundenheit			rot	grün, blau
Umgang mit Blut, Kot usw.		grün	blau	rot

Hier siehst du den Auswertungsbogen (Tabelle 4) eines Schülers, der Tiermedizinischer Fachangestellter werden möchte. Ein Experte hat die benötigten Kompetenzen für diesen Beruf mit **rot** bewertet, die Mutter hat ihre Einschätzung (Fremdeinschätzung) mit **blau** vorgenommen. Der Schüler hat seine Eintragungen (Selbsteinschätzung) mit **grün** vorgenommen.

Kompetenzstern

Hier siehst du einen ausgefüllten Kompetenzstern. Er hilft dir dabei deine Stärken und Schwächen zu erkennen. In der folgenden Anleitung lernst du wie du damit umgehen musst.

1. Schritt: Vorbereitung

Die Vorlage für deinen Kompetenzstern bekommst du von deiner Lehrkraft.

Du brauchst:

- Vorlage für Kompetenzstern
- Buntstifte
- bunte Filzstifte
- Lineal, Bleistift und Radiergummi

Alles da?

Dann geht's weiter.

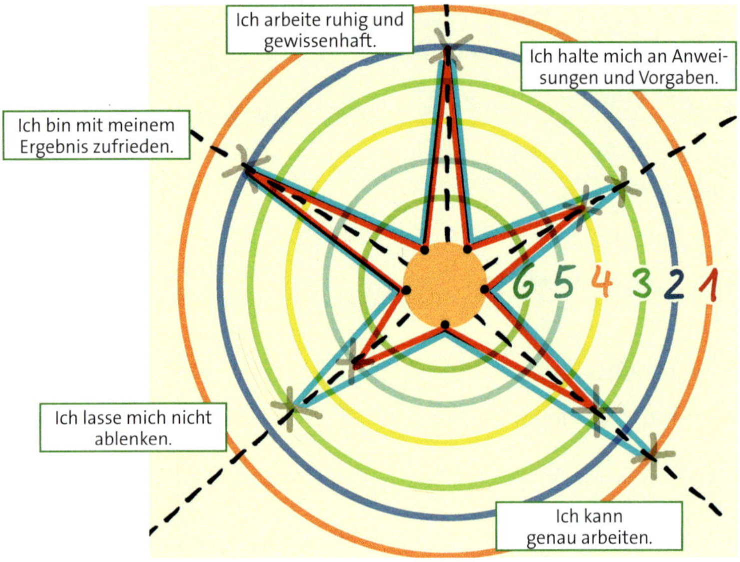

2. Schritt: Selbsteinschätzung

In den Kästchen rund um deinen Kompetenzstern stehen verschiedene Eigenschaften. Überlege dir zunächst, wie diese auf dich zutreffen. Die Einschätzung geht folgendermaßen:

1 – das trifft immer voll zu, 2 – das trifft zu, 3 – das trifft oft zu, 4 – das trifft manchmal zu, 5 – das trifft meistens nicht zu, 6 – das trifft gar nicht zu

Fange mit der ersten Eigenschaft an. Markiere auf der gestrichelten Linie deine Einschätzung mit einem Kreuz.

Verfahre mit den anderen Eigenschaften genauso.

Ziehe mit einem Lineal von deinen eingezeichneten Punkten Linien zur Markierung auf dem dick gedruckten Kreis in der Mitte.

Wenn du alles richtig verbunden hast, ist ein Stern mit unterschiedlich langen Zacken entstanden. Fahre den Stern mit einem Farbstift nach.

3. Schritt: Fremdeinschätzung

Nun soll ein anderer deine Fähigkeiten einschätzen. Er muss die gleichen Schritte machen wie du bei Schritt 2. Verwendet zum Nachfahren eine andere Farbe.

4. Schritt: Auswertung

Betrachte deine beiden Sterne mit deiner Partnerin oder deinem Partner. Besprecht die Unterschiede.

So könnte das aussehen: „Du hast mir eine Zwei bei ... gegeben, obwohl ich mir da eine Vier gegeben habe." – „Ich finde du machst das immer so gut, weil ..."

Du kannst die Zacken deines Sterns nun mit Buntstiften gestalten.

Placemat

Diese Methode ist gut, um Ideen zu sammeln und anschließend die besten auszuwählen.

1. Schritt

Setzt euch zu viert an einen Tisch. In der Mitte zwischen euch liegt ein DIN-A3-Blatt in dessen Mitte ein Rechteck eingezeichnet ist. Das ist das Placemat. Der Rest des Blattes wird in vier Felder eingeteilt.

2. Schritt

Zuerst denkt jeder für sich drei Minuten über die Fragestellung nach. Eure Ideen schreibt ihr dann in das Feld, vor dem ihr sitzt. Das Feld in der Mitte bleibt erst mal frei.

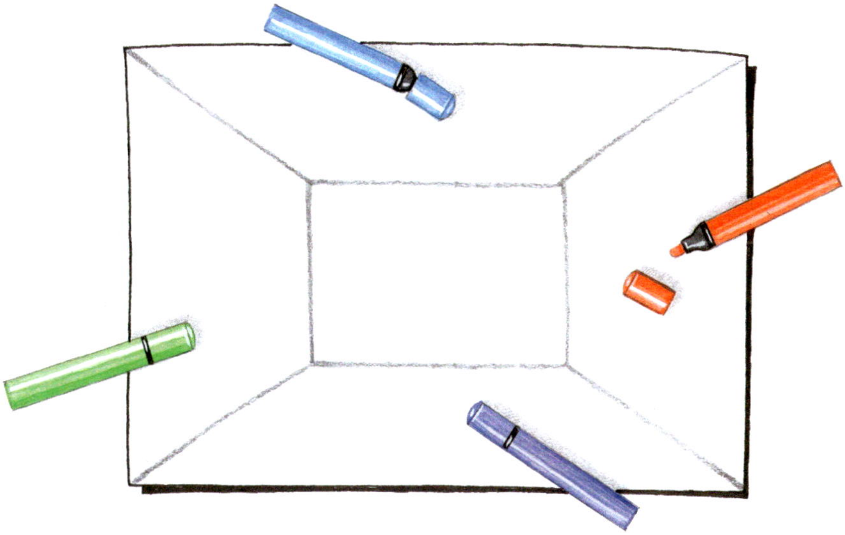

3. Schritt

Danach tauscht ihr euch innerhalb der Gruppe über eure Vorschläge aus. Ihr könnt euch die Vorschläge gegenseitig vorlesen. Oder ihr dreht das Blatt, sodass jeder immer wieder ein anderes ausgefülltes Feld vor sich hat und lesen kann.

4. Schritt

Welche Vorschläge gefallen euch am besten? Einigt euch auf die drei besten Vorschläge und schreibt sie in die Mitte des Feldes.

5. Schritt

Jede Gruppe stellt jetzt ihre besten Vorschläge der Klasse vor. Habt ihr ähnliche Vorschläge gefunden? Wie gut lassen sie sich durchführen?

Pro- und Kontra-Tabelle

Diese Methode bietet eine gute Übersicht über die Begründungen, die für (pro) oder gegen (kontra) etwas sprechen.

1. Schritt

Bereitet eine Tabelle vor. Die Überschrift über der Tabelle ist die Fragestellung. Die Tabelle hat zwei Spalten: Links werden alle Pro-Argumente aufgelistet, rechts alle Kontra-Argumente.

2. Schritt

Jetzt sollst du die in einem Text enthaltenen Pro- und Kontra-Argumente finden und markieren. (Achtung: Markiere nichts im Schulbuch!). Dafür verwendest du zwei Farben. Mit grün markierst du alle Begründungen, die dafür sprechen (Pro-Argumente). Die Kontra-Argumente, die dagegen sprechen, markierst du rot.

3. Schritt

Tausche dich mit deinem Nachbarn aus. Habt ihr beide die gleichen Textstellen markiert? Fallen euch noch weitere Argumente ein, die nicht im Text stehen?

4. Schritt

Gestaltet in der Klasse eine Pro- und Kontra-Tabelle, z.B. auf einem Plakat. Diskutiert die einzelnen Argumente. Welche treffen deiner Meinung nach zu? Welchen kannst du nicht zustimmen?

Punkteabfrage

Mit einer Punktabfrage könnt ihr feststellen, welche Meinung in eurer Klasse am häufigsten vertreten ist.

1. Schritt

Auf ein Plakat schreibt ihr als Überschrift die Frage, die beantwortet werden sollte. Zum Beispiel: „Wollen wir das Deutsche Museum besuchen – ja oder nein?" Unter der Überschrift teilt ihr das Blatt in zwei Hälften ein. Die linke Hälfte ist die Ja-Seite, die rechte Hälfte ist die Nein-Seite.

2. Schritt

Jeder Schüler bekommt einen Klebepunkt. Wer die Frage mit „Ja" beantwortet, klebt einen Punkt auf die linke Seite. Wer mit „Nein" antwortet, klebt den Punkt auf die rechte Seite.

3. Schritt

Auf welche Seite wurden die meisten Punkte geklebt? Wie hat sich die Mehrheit in eurer Klasse entschieden? Habt ihr mit dieser Mehrheit gerechnet oder überrascht euch das Ergebnis?

Die Wandzeitung

1. Schritt: Vorbereitung

Das Wichtigste an dieser Arbeit ist, dass ihr als Klasse gemeinsam ein Projekt erarbeitet. Jede Gruppe trägt einen Teil zum Gesamtergebnis bei. Absprachen untereinander sind hier immer wieder nötig. Habt ihr eure Gruppen bereits eingeteilt? Dann geht es los.
Ihr habt also ein Thema gefunden, zu dem ihr eine Wandzeitung erarbeiten möchtet. Zunächst einmal müsst ihr ein paar Dinge für die Erstellung eurer Wandzeitung vorbereiten.
Ihr braucht:
- eine Rolle Packpapier
- farbiges und weißes Papier für die Gestaltung
- Klebestifte und Schere
- dicke Filzstifte und Permanentmarker

Prüft, wie breit bzw. lang die fertige Wandzeitung werden darf, damit ihr sie gut aufhängen könnt.

2. Schritt: Material sichten und sortieren

Besorgt euch aus verschiedensten Medien (Schulbuch, Zeitungsartikel, Internet, Büchern ...) Informationen zu eurem Themenbereich.
Seht euch das Material gut an und wählt aus, was für euren Bereich der Wandzeitung wichtig und aussagekräftig ist. Bestandteile können sein: Collagen (siehe S. 124), Plakate, Mindmaps, Zeitungsartikel, Diagramme, Fotos, Flyer ...
Legt eine grobe Struktur für euren Themenbereich fest und sprecht euch mit den anderen Gruppen ab. Findet ihr Gemeinsamkeiten und Beziehungen zwischen euren Bereichen? Markiert diese am Ende.

3. Schritt: Texte schreiben und Bilder gestalten

Entwerft Teilüberschriften und notiert sie auf farbigem Papier.
Fasst wichtige Informationen in selbst verfassten Texten zusammen. Ihr könnt die Texte von Hand ordentlich abschreiben (beachtet die Regeln der Plakatgestaltung) oder am PC schreiben und anschließend ausdrucken.
Achtet auf eine gut lesbare Schriftgröße. Die Texte sollen aus einem Meter Entfernung noch gut lesbar sein.
Gestaltet für euren Bereich Grafiken, die den Inhalt bildhaft darstellen. Eure Wandzeitung soll zum Nachlesen einladen.

4. Schritt: Texte und Bilder aufkleben

Legt das Packpapier auf dem Boden aus. Jetzt kommen alle Gruppen zusammen und legen ihre angefertigten Materialien auf dem Papier aus. Überprüft, ob das Material für den vorhandenen Platz passend ist. Ist der Bild-Text-Anteil ausgewogen? Ihr könnt eure Materialien verschieben oder etwas verändern, bis sich ein stimmiges Gesamtbild ergibt.
Klebt eure Materialien erst zum Schluss auf das Packpapier auf.
Eure Wandzeitung kann nun aufgehängt werden.

Begriffe	Erklärung
Absatz	Die fertigen Produkte werden verkauft – an Zwischenhändler oder Endkunden. Mit zum Absatz gehört auch der Transport von Waren.
Akkordarbeit	So nennt sich eine Arbeitsform, bei der die geleistete Arbeitsmenge bezahlt wird. Beim Zeitakkord muss eine vorgegebene Anzahl an Arbeitsschritten innerhalb einer Zeitspanne erledigt werden. Je höher die Leistung, desto höher ist auch die Bezahlung. Unter 18-jährige dürfen nicht im Akkord arbeiten.
Angebot	Menschen bieten Waren oder Dienstleistungen an, die andere kaufen.
Arbeit	Arbeit ist verschieden. Es gibt Erwerbsarbeit für die man Geld bekommt. Es gibt Nichterwerbsarbeit, wie Hausarbeit, für die man kein Geld erhält. Außerdem gibt es freiwillige Arbeit wie im Sportverein. Dafür bekommt man kein Geld. Man nennt diese Arbeit dann Ehrenamt. Arbeit ist immer zielgerichtet, planvoll, anstrengend, kann an verschiedenen Arbeitsorten stattfinden und wird bewusst ausgeführt.
Arbeitsformen	Arbeit kann körperlich, geistig, gelernt, ungelernt, schöpferisch, ausführend, leitend sein.
Arbeitslose	Personen, die keine Ausbildungs- oder Arbeitsstelle haben, obwohl sie arbeiten wollen, sind arbeitslos. Nicht mitgezählt werden in der Statistik Menschen, die gerade an einer Maßnahme der Agentur für Arbeit teilnehmen.
Arbeitsplatz	Das ist der Platz, an dem man seine Arbeit verrichtet.
Arbeitsplatzmerkmale	Arbeitsort; Arbeitsmittel; Arbeitszeit und Arbeitsdauer; Arbeitsaufgabe und Tätigkeiten; Arbeitsbedingungen
Assessment-Center	Das ist eine Methode zur Bewerberauswahl. Die Bewerberinnen und Bewerber werden genau beobachtet und in anstrengende Situationen gebracht.
Ausbilder	Ist die Person, die im Betrieb für die Ausbildung einzelner Auszubildender zuständig ist. Sie muss entweder durch eine Prüfung oder einen Berufsabschluss nachweisen, dass sie hierfür geeignet ist.
Ausbildender	Das ist der Betrieb bzw. der Inhaber eines Betriebs, in dem Auszubildende ausgebildet werden. In kleineren Betrieben, z. B. im Bereich des Handwerks, ist der Ausbildende und der Ausbilder oft ein und dieselbe Person.
Ausbildungsberufe	Das sind Berufe, die man erlernen kann und für die man kein Studium benötigt. Es gibt mehr als 340 staatlich anerkannte Ausbildungsberufe. Die Inhalte der Ausbildung werden für ganz Deutschland einheitlich festgelegt.
Ausbildungsplatz	Das ist der Platz, an dem man eine Berufsausbildung absolviert, entweder an einer Fachschule oder in einem Betrieb.
Auszubildener (Azubi)	Auszubildender ist, wer in einem Betrieb und der Berufsschule in einem bestimmten Beruf ausgebildet wird.
Automat	Das ist eine Maschine, die bestimmte Abläufe selbsttätig automatisch steuert.
Automatisierung	Dies bezeichnet die immer weiter fortschreitende Umrüstung eines Betriebs auf automatische Maschinen und Fertigungsanlagen, die keine menschliche Arbeitskraft mehr brauchen. Ist der Mensch in einem Produktionsbereich vollkommen ersetzt, nennt man dies Automation.

Begriffe	Erklärung
Bausparvertrag	Eine Kombination aus Spar- und Kreditvertrag. Nachdem der Kunde einen Teil der Vertragssumme angespart hat, kann er einen Kredit ausbezahlt bekommen, mit dem er eine Immobilie kaufen, bauen oder renovieren kann.
Beruf	So wird eine Tätigkeit benannt, die man dauerhaft und gegen Bezahlung ausübt. Meist wird dazu eine spezielle Ausbildung benötigt.
Berufliche Handlungsfähigkeit	Auszubildende erwerben in der Berufsausbildung die notwendigen beruflichen Fertigkeiten, Kenntnisse und Fähigkeiten, damit sie als qualifizierte Arbeitskräfte tätig sein können. Die Azubis eignen sich auch die erforderliche Berufserfahrung an. Sie erwerben berufliche Kompetenzen, die sie dazu befähigen, die erworbenen Fähigkeiten ständig zu aktualisieren.
Berufsberatung	Insbesondere Fachleute der Agentur für Arbeit helfen dabei, die passende Berufsausbildung zu finden. Sie kennen viele Berufe und Firmen und haben einen guten Überblick über den Ausbildungsmarkt.
Berufsausbildung	Viele Berufe erfordern eine Ausbildung, weil verantwortungsvolle Tätigkeiten ausgeführt werden müssen. Die Ausbildung findet im Betrieb und der Berufsschule (duale Berufsausbildung) statt oder nur in Fachschulen.
Berufsinformationszentrum (BiZ)	Das ist eine Einrichtung der Agentur für Arbeit, die über alle Formen der Ausbildung informiert. Hier kann man sich jederzeit selbstständig und ohne Termin informieren.
Betrieb	In einem Betrieb werden Waren hergestellt (z. B. Bäckerei) oder Dienstleistungen erbracht (z. B. Friseursalon).
Betriebspraktikum	Schülerinnen und Schüler gehen in Betriebe und Ausbildungsstätten und sammeln bei praktischer Arbeit Eindrücke und Informationen zu verschiedenen Berufen. Das Praktikum hilft, den Wunschberuf zu finden.
Berufsbildungsgesetz (BBiG)	Wie eine Berufsausbildung ablaufen muss und wie beispielsweise ein Ausbildungsvertrag aufgebaut ist, ist für ganz Deutschland einheitlich im Berufsbildungsgesetz (BBiG) geregelt.
Beschaffung	Der Einkauf, die Lagerung und die Verteilung aller Materialien, die der Betrieb zur Herstellung seiner Produkte braucht. Dazu gehören Verbrauchsmaterialien genauso wie die Maschinen, mit denen gearbeitet werden soll.
Beschichten	Auf ein Werkstück wird eine fest haftende Schicht aufgebracht, z. B. durch Lackieren, Pulverbeschichten oder Verzinken.
Bewerbung	In der Regel muss man sich um einen Ausbildungsplatz oder eine Arbeitsstelle bewerben. Dazu fertigt man ein Anschreiben an, in dem man erläutert, warum man sich für diese Stelle interessiert.
Bonität	Mit diesem Begriff wird der Ruf einer Person oder einer Firma in Bezug auf die Zahlungsfähigkeit bezeichnet. Dabei wird eingeschätzt, ob ein Kunde fähig ist, einen gewährten Kredit pünktlich zurückzuzahlen.
Bruttolohn	Der Verdienst, den der Arbeitgeber oder die Arbeitgeberin an Beschäftigte zahlt. Davon werden dann noch die Steuern und die Beiträge zur Renten-, Kranken-, Pflege- und Arbeitslosenversicherung abgezogen. Das, was Beschäftigte auf ihr Konto überwiesen bekommen, heißt Nettolohn.

Begriffe	Erklärung
Deflation	In einer Volkswirtschaft gibt es zu viele Waren, die nicht nachgefragt werden. Die Preise für Waren sinken, neue Waren werden nicht mehr hergestellt. Viele Menschen verlieren ihre Arbeit und ihr Einkommen. Die Löhne sinken, Firmen verdienen weniger. Die Menschen sparen, Firmen investieren kaum – so verstärkt sich diese negative Entwicklung.
Devisen	Das ist Buchgeld in fremder Währung – bei uns also nicht in Euro, sondern in türkischer Lira, US-Dollar, englischem Pfund usw.
Dienstleistung	Das ist eine Arbeit, bei der keine materiellen Güter produziert werden. Die Ergebnisse dieser Arbeit kann man nicht lagern. Gearbeitet wird an Menschen (z.B. beim Friseur oder Arzt) oder an Sachen (z.B. in einer Autowerkstatt).
Digitale Vernetzung	Dies meint, dass alles miteinander verbunden ist und Informationen ausgetauscht werden. Beispiele: Eine Maschine meldet automatisch, wenn sie eine Wartung benötigt. Fertigungsanlagen bestellen selbsttätig Rohstoffe beim liefernden Betrieb.
Einkommen	So wird der Verdienst durch Erwerbsarbeit bezeichnet.
Einkommenshöhe	Die Höhe des Einkommens hängt von vielen Faktoren ab. Entscheidend sind der Bildungsabschluss, die Branche, die Größe des Betriebs und das Geschlecht. Frauen verdienen in Deutschland im Durchschnitt 21 Prozent weniger als Männer.
Elterngeld	Leistung des Staates, die an Eltern ausbezahlt wird. Das Elterngeld soll es Müttern und Vätern leichter machen, ihre Erwerbstätigkeit zu unterbrechen oder einzuschränken, um sich um ihr Baby kümmern zu können.
Entgelt	Das ist ein Sammelbegriff für das Arbeitsentgelt. In vielen Gesetzen und Tarifverträgen wird nicht mehr von Lohn und Gehalt gesprochen, sondern vom Entgelt.
Ergonomie	Das ist die Wissenschaft von der menschlichen Arbeit (von altgriechisch ergon = Arbeit). Die Ergonomie beschäftigt sich damit, Arbeitsabläufe, Werkzeuge und technische Geräte perfekt zu gestalten. Alles soll möglichst einfach (mit wenigen Fehlern), sicher, ermüdungsfrei und ohne gesundheitliche Schäden zu verursachen, gelingen.
Erwerbsarbeit	Das ist bezahlte Arbeit in einem Betrieb, einer Behörde oder die von Selbstständigen. Der Erwerbstätige bekommt Geld für seine Arbeit.
Erwerbspersonen	Gruppe der Erwerbstätigen (alle Personen, die einer beruflichen Tätigkeit nachgehen, angestellt oder selbstständig) und Erwerbslosen (Personen, die innerhalb von zwei Wochen für die Aufnahme einer beruflichen Tätigkeit zur Verfügung stehen). In Deutschland waren das im Jahr 2020 44,5 Millionen Personen.
Europäische Zentralbank (EZB)	Das ist eine gemeinsame Behörde der Europäischen Union mit Sitz in Frankfurt am Main. Vorrangiges Ziel ist die Erhaltung der Preisstabilität. Die EZB verleiht Geld an Staaten und deren Banken. Die EZB hat das ausschließliche Recht, die Ausgabe von Banknoten innerhalb des Euroraums zu genehmigen.

Begriffe	Erklärung
Flexibilität	In einem beruflichen Zusammenhang ist man flexibel, wenn man sich an neue Anforderungen, Situationen und Aufgaben organisatorisch anpasst. Dazu gehören beispielsweise neue Techniken (andere Maschinen, Software ...), die zeitliche Anpassung (Schichtarbeit, Gleitzeit ...) oder eine andere Arbeitsorganisation (neue Kolleginnen oder Kollegen, Teamarbeit, Arbeit im Home-Office ...).
Freier Beruf	Das ist ein selbstständig ausgeübter wissenschaftlicher Beruf. Beispiele sind z. B. Rechtsanwalt, Architekt oder Steuerberater. In den jeweiligen Büros oder Kanzleien kann man oft auch eine duale Ausbildung absolvieren.
Fremdeinschätzung	Andere Menschen sehen einen anders, als man sich selbst sieht. Das Bild, das andere von einem haben, nennt man Fremdeinschätzung.
Fügen	Mehrere Werkstücke werden miteinander verbunden, z. B. durch Kleben, Schrauben oder Schweißen.
Gehalt	So nennt sich die Bezahlung für Dienste – insbesondere bei Angestellten und Beamten.
Geldinstitut	Das ist ein Sammelbegriff für Banken und Sparkassen.
Gewinn	Das ist der Betrag, der nach Abzug aller Kosten bei den Unternehmen bleibt. Ziel unternehmerischer Tätigkeit ist es, Gewinn zu erzielen.
Globalisierung	Globalisierung bedeutet, dass es eine weltweite Arbeitsteilung gibt. Ein Produkt wird dort hergestellt, wo die Kostenvorteile am größten sind, d. h. wo die Löhne am niedrigsten sind. Voraussetzung der Globalisierung sind Märkte, die für Arbeit, Kapital und Güter offen sind und ein schneller Informationsaustausch per Internet muss möglich sein. Es entsteht ein System des Welthandels (s. S. 28, M 1), Waren und Dienstleistungen werden ausgetauscht. Außerdem wird Wissen in Naturwissenschaft, Medizin und Technik usw. miteinander geteilt. Es entsteht eine weltweite Vernetzung.
Handwerk	Zum Handwerk zählen in Deutschland 150 verschiedene Gewerbe: z.B. Metall und Elektro, Bau- und Ausbau, Gesundheits- und Körperpflege, Reinigung, Holz, Nahrungsmittel, Glas, Papier, Keramik, Bekleidung, Textil, Leder. Die Handwerksbetriebe bieten eine große Zahl von Ausbildungsstellen an.
Handwerkskammer	Das ist die Institution, die unter anderem die Berufsausbildungen in den einzelnen Handwerksbetrieben betreut. Handwerkskammern gibt es für jeden Regierungsbezirk.
Handwerksordnung	Die Handwerksordnung (HwO) regelt den Verlauf und den Aufbau einer Berufsausbildung in einem handwerklichen Beruf.
Haushalt	Wenn Personen zusammen leben und eine Gemeinschaft bilden, spricht man von einem Haushalt. Die Mitglieder eines Haushalts müssen nicht verwandt sein. Die notwendigen Arbeiten werden gemeinschaftlich geregelt. Es gibt heute auch zahlreiche Einpersonenhaushalte (Single-Haushalt).
IBAN	Das ist die Abkürzung für International Bank Account, die internationale Kennung eines einzelnen Bankkontos. Die IBAN hat 22 Stellen und ist auf der Bankkarte aufgedruckt.

Begriffe	Erklärung
Industrie- und Handelskammer (IHK)	Das ist die Institution, die unter anderem die Berufsausbildungen für alle Gewerbe organisiert – außer Handwerk, Landwirtschaft und freie Berufe. Industrie- und Handelskammern gibt es für jeden Regierungsbezirk.
Inflation	In einer Gesellschaft gibt es zu viel Geld für zu wenige Güter. Die Güter werden dadurch teurer, deswegen sinkt die Menge an Waren, die man sich für eine bestimmte Menge Geld kaufen kann. Das Geld wird weniger wert. Eine geringe Inflation von zwei Prozent wird von der EZB angestrebt.
Inkassobüro	Ein Betrieb, der im Auftrag Anderer Geld bei Schuldnern eintreibt.
Jugendarbeitsschutzgesetz	Dieses Gesetz schützt alle, die noch nicht 18 Jahre alt sind, eine Berufsausbildung machen oder einer Beschäftigung nachgehen. Auch Jobben und die Ferienarbeit von Schülern sind in diesem Gesetz geregelt.
Kinderarbeitsschutzverordnung	Dieses Gesetz soll verhindern, dass Kinder in Deutschland ausbeuterisch beschäftigt oder wegen ihrer Arbeitstätigkeit in ihrer Entwicklung beeinträchtigt werden.
Konjunktur	Das ist ein anderer Begriff für wirtschaftliche Entwicklung. Sie verläuft in Wellen, die in einer Konjunkturkurve dargestellt werden können. Aufschwung (Expansion), Hochkonjunktur (Boom), Abschwung (Rezession) und Tiefstand (Depression) sind die Phasen eines Konjunkturverlaufs.
Konsumausgaben	Das sind Ausgaben für Güter und Dienstleistungen, die verbraucht werden, z. B.: Ernährung, Wohnen, Bekleidung, Gesundheit, Freizeit, Bildung, Kommunikation, Verkehrsmittel sowie Hotel- und Gaststättenbesuche.
Kontoauszug	Das ist eine tabellarische Aufstellung der Umsätze auf einem Konto.
Kosten	Jeder Betrieb verursacht Kosten. Dazu zählen die Ausgaben für die Bereitstellung und Ausstattung von Arbeitsräumen und Arbeitsmitteln. Auch die Kosten für das Personal gehören dazu.
Kündigung	Hier ist die Beendigung eines Ausbildungs- oder Arbeitsvertrags gemeint. Es müssen dabei Kündigungsfristen beachtet werden. Selten sind fristlose Kündigungen bei schweren Verstößen gegen vertragliche Pflichten.
Landwirtschaftskammer	Das ist die Institution, die unter anderem die Berufsausbildungen in Berufen wie Gärtner/in, Landwirt/in oder Tierwirt/in betreut. Einzelne Landwirtschaftskammern gibt es für jeden Regierungsbezirk.
Lebensunterhalt	Alles, was man benötigt, um sich eine Wohnung, Kleidung, Nahrung und alles andere, was man zum Leben benötigt, leisten zu können.
Lebensstandard	Das ist die Bezeichnung für den wirtschaftlichen Wohlstand in einem Land. Je höher das Einkommen ist, desto höher ist der Lebensstandard, weil man sich mehr leisten kann.
Lohn	Das ist die nach Stunden oder Leistung berechnete Bezahlung für Arbeit. Arbeiter und Arbeiterinnen erhalten meist Lohn.
Mangelwirtschaft	In einer Gesellschaft reichen Geld und Waren nicht mehr aus, um die Bevölkerung zu versorgen.
Markt	Das ist der Ort, an dem Waren gehandelt werden. Es gibt die verschiedensten Märkte. Auf einem Markt treffen Angebot und Nachfrage nach Waren oder Dienstleistungen aufeinander.

Begriffe	Erklärung
Maschine	So wird ein aus Einzelteilen bestehendes technisches Gebilde bezeichnet. Die einzelnen Teile werden durch ein Antriebssystem so bewegt, dass die Maschine eine bestimmte Aufgabe oder Arbeit erledigt. Durch Maschinen können Arbeiten schneller, genauer, mit weniger Fehlern und mit höherer Kraft erledigt werden.
Minijob	Das ist eine geringfügige Beschäftigung, hier dürfen bestimmte Verdienstgrenzen nicht überschritten werden. Auch gibt es Zeitgrenzen, die eingehalten werden müssen. Minijobber können im gewerblichen Bereich oder im Privathaushalt arbeiten.
Mobilität	Beweglichkeit lautet die wörtliche Übersetzung dieses Begriffs. Im beruflichen Umfeld ist man mobil, wenn man bereit ist, den Arbeitsort zu wechseln, beispielsweise innerhalb der Firma, aber auch regional und überregional.
Nachfrage	Menschen möchten Waren oder Dienstleistungen erwerben, die sie nicht selbst herstellen oder erbringen können.
Nachhaltigkeit	Der Begriff stammt ursprünglich aus der Forstwirtschaft. Er besagt, dass man nicht mehr Bäume fällen soll, als nachwachsen können. So bleibt der Wald erhalten und kann über Generationen hinweg genutzt werden. Der Begriff *Nachhaltigkeit* bedeutet heute viel mehr: Wir dürfen heute nicht auf Kosten zukünftiger Generationen und der Menschen in anderen Weltregionen leben. Umwelt, Wirtschaft und Soziales hängen dabei miteinander zusammen und beeinflussen sich gegenseitig. Es kann keinen dauerhaften wirtschaftlichen und sozialen Fortschritt ohne eine intakte Umwelt geben. *Nachhaltigkeit* beschreibt also ein Prinzip, wie die Welt wieder ins Gleichgewicht gebracht werden soll.
Nettolohn	Das ist das Einkommen, das einem Beschäftigen zur Verfügung steht, um den Lebensunterhalt zu bestreiten.
NFC-Chip	NFC steht für Near Field Communication. Ein elektronischer Chip, der in Bankkarten, Smartwatches oder Handys eingebaut sein kann, funkt zu einem Gerät. So kann man kontaktlos bargeldlos bezahlen.
Online-Banking	Der Begriff bezeichnet das Abwickeln von Bankgeschäften im Internet. Man erledigt diese Tätigkeit meist von einem PC oder Smartphone aus. Man muss dabei auf die Sicherheitsregeln achten, um keinen Schaden zu erleiden.
Phishing	Das ist eine Betrugsmethode. Mit betrügerischen E-Mails oder Links sollen Kontoinhaber dazu gebracht werden, ihre Geheimnummern, Passwörter oder andere private Daten preiszugeben. Diese Angaben werden dann dazu benutzt, um an das Geld der Personen zu gelangen.
PIN	Das ist die Abkürzung für *Persönliche Identifikationsnummer*. Du gibst sie z. B. ein, wenn du mit deiner Bankkarte Geld am Automaten abhebst. Sie ist immer gleich und du musst sie dir gut merken. Man darf sie nicht auf der Bankkarte notieren.
Preis	Der Preis bringt Angebot und Nachfrage von Waren oder Dienstleistungen ins Gleichgewicht. Der Anbieter will so viel wie möglich verdienen, der andere will so wenig wie möglich bezahlen.

Begriffe	Erklärung
Privatinsolvenz	Wenn man sehr überschuldet ist, kann man seine Schulden über ein gerichtliches Verfahren wieder loswerden. Dabei wird das gesamte Vermögen zwischen den Gläubigern aufgeteilt. Nach etwa sechs Jahren Wohlverhalten ist man dann von den Schulden befreit.
Produkt	Ein sachliches Produkt ist ein aus verschiedenen Stoffen mithilfe von menschlicher Arbeit hergestellter Gegenstand. Neben den sachlichen Produkten, die wir mit unseren Händen berühren können, gibt es noch Dienstleistungen, die auch als Produkte bezeichnet werden.
Produktion	Vorhandene Güter werden durch Weiterverarbeitung in höherwertige Dinge verwandelt.
Prognose	Eine Voraussage für einen Zustand oder eine Entwicklung in der Zukunft. Zur Berechnung dienen Zahlen aus der Vergangenheit und der Gegenwart.
Ressourcen	Damit sind die Schätze der Natur gemeint, die verbraucht werden. Dazu zählen z. B. Erdgas, Erdöl, Kohle, Erze, Luft, Trinkwasser, Boden.
Schadensersatz	Wer einem anderen einen Schaden zufügt, muss ihm den daraus entstehenden Schaden ersetzen.
Selbsteinschätzung	Das ist das Bild, das man von sich selbst hat. Dazu zählt die Einschätzung, was man gut kann. Der Gegensatz ist die Fremdeinschätzung durch andere.
Selbstständigkeit	So nennt sich die Erwerbstätigkeit, ohne von einem Arbeitgeber abhängig zu sein. Es gibt Selbstständige, die allein die Arbeit verrichten, andere beschäftigen Angestellte.
SEPA	Das ist die Abkürzung für *Single Euro Payment Area*. Damit ist die Gemeinschaft der Länder gemeint, in denen man bargeldlos mit dem Euro bezahlen kann. Aktuell nehmen 34 Staaten an SEPA teil.
Stille Reserve	Anzahl der Menschen, die gerne ein Arbeitsverhältnis eingehen möchten, es aber aufgegeben haben, nach bezahlter Arbeit zu suchen.
TAN	Das ist die Abkürzung für *Transaktionsnummer.* Diese Zahlenkombination ist beim Online-Banking immer nur kurze Zeit für eine einzige Aktion gültig.
Tarifvertrag	Arbeitszeiten und Entgelte (Tariflohn und Zuschläge) werden für viele Berufe und Unternehmen in Tarifverträgen festgelegt. Tarifverträge sind Vereinbarungen zwischen Arbeitgeberverbänden und Gewerkschaften.
Tätigkeitsbereich	Er umfasst mehrere Berufe aus einem Bereich. Anhand der Tätigkeitsbereiche können Jugendliche sich einen Überblick verschaffen, welche Berufe ihren Interessen entsprechen.
Technik	Technik sind von Menschen gemachte Geräte, Apparate oder Maschinen. Sie helfen den Menschen und erleichtern den Alltag in verschiedenen Bereichen.
Technischer Wandel	Er erfolgt durch Erfindungen. Die Technik entwickelt sich weiter, wird besser und leistet mehr. Damit verändern sich Arbeitsweisen (z. B. durch automatische Maschinen) oder Verhaltensweisen (z. B. durch die Nutzung des Smartphones). Der technische Wandel kann außer Vorteilen auch Nachteile wie Umweltschäden oder Arbeitsplatzverluste mit sich bringen.

Begriffe	Erklärung
Tertiärisierung	Der wirtschaftliche Wandel von der Industriegesellschaft zur Dienstleistungsgesellschaft (tertiärer Sektor) wird als Tertiärisierung bezeichnet.
Überschuldung	Wenn ein Schuldner nicht mehr in der Lage ist, seine Schulden fristgerecht zu begleichen, ist er überschuldet.
Umformen	Aus festem Rohmaterial werden durch Formveränderung neue Teile hergestellt. Typische Verfahren sind Walzen und Pressen.
Ungelernte Arbeit	Das ist Arbeit, bei der keine Berufsausbildung notwendig ist, um sie auszuüben. Meist sind diese Tätigkeiten nicht gut bezahlt.
Urformen	Aus formlosem Stoff werden Werkstücke hergestellt. Es wird ein neuer Zusammenhalt von Stoffen geschaffen. Das typische Beispiel ist das Gießen von geschmolzenem Ausgangsmaterial.
Vergütung	So heißt das Entgelt, das Auszubildende während der Berufsausbildung monatlich von ihrem Ausbildungsbetrieb bekommen. Weil dieses Geld kein regulärer Lohn für geleistete Arbeit ist, sondern den Lebensunterhalt während der Ausbildung finanzieren soll, nennt man es Vergütung.
Verwaltung	Sie arbeitet den drei anderen betrieblichen Grundfunktionen zu. Typische Abteilungen sind Buchhaltung, Personalverwaltung und Marketing.
Volkswirtschaft	Alle Haushalte, Unternehmen und staatlichen Einrichtungen in einem Staatsgebiet. Auch du bist Mitglied eines Haushalts und gehörst zur deutschen Volkswirtschaft.
Wirtschaftssektor	Das ist ein Bereich der Wirtschaft (von lateinisch Sektor: Bereich). Die Sektoren werden unterschieden in den primären Sektor (der zuerst vorhandene), den sekundären Sektor (an zweiter Stelle stehend) und den tertiären Sektor (an dritter Stelle stehend). Der primäre Bereich wird auch als Urproduktion bezeichnet. Dazu zählen Landwirtschaft, Fischerei, Forstwirtschaft und Bergbau. Der sekundäre Bereich umfasst das produzierende Gewerbe, das etwas herstellt. Dazu zählen die Industrie, das Handwerk und Baugewerbe sowie die Energie- und Wasserversorgung. Der größte Bereich ist heute der tertiäre Sektor. Dazu zählt alles, was nicht zu den ersten beiden Bereichen gehört.
Wohngeld	Bürger, denen nach Abzug ihrer Mietzahlung zu wenig Geld zum Leben bleibt, erhalten auf Antrag einen staatlichen Zuschuss zu ihren Wohnkosten.
Zahlungsverkehr	Damit sind Geldbewegungen zwischen privaten Haushalten, Unternehmen und staatlichen Stellen im In- und Ausland gemeint.
Zeitarbeit	Das ist eine Beschäftigungsform, bei der man bei einer Zeitarbeitsfirma angestellt ist. Dieses Unternehmen verleiht seine Beschäftigten an Firmen, die schnell und nur befristet Arbeitskräfte benötigen. Ein Zeitarbeiter oder eine Zeitarbeiterin ist bei einer Firma angestellt, arbeitet aber für andere Firmen.
Zinsen	Das ist eine Entschädigung, die man dafür bekommt, dass man sein Geld für einen bestimmten Zeitraum einem anderen überlässt.

Register

Cover: Shutterstock.com/wavebreakmedia;

S.10 ob. re.: stock.adobe.com/Stephanie Frey; **S.12** ob. re.: mauritius images/alamy stock photo/Ilya Starikov; **S.14** ob. re.: stock.adobe.com/djdarkflower; **S.18** un. li.: stock.adobe.com/thostr; **S.21** ob. li.: Panther Media GmbH/Mile Atanasov; **S.21** ob. 2. v. li.: Shutterstock.com/Oleg GawriloFF; **S.21** ob. 3. v. li.: mauritius images/alamy stock photo/johnanthony; **S.21** ob. re.: Shutterstock.com/olegbush; **S.21** un. li.: stock.adobe.com/Jaroslav Machacek; **S.21** un. 2. v. li.: picture alliance/Zoonar; **S.21** un. 3. v. li.: ClipDealer GmbH/Alfred Hofer; **S.21** un. re.: mauritius images/Christian Bordes; **S.24–25**: Claus Brechenmacher & Reiner Baumann; **S.26** M1 li.: dpa Picture-Alliance/Westend61; **S.26** M1 mi.: Shutterstock.com/SeventyFour; **S.26** M1 re.: dpa Picture-Alliance/Bildagentur-online/Blend Images; **S.28** M1: dpa Picture-Alliance/© dpa-infografik GmbH; **S.29** re. ob.: Shutterstock.com/imtmphoto; **S.29** 2. v. re. ob.: stock.adobe.com/© Elmar Gubisch; **S.30** un. li.: Shutterstock.com/GoneWithTheWind; **S.30** un. re.: Shutterstock.com/ESB Professional; **S.32** un. li.: Shutterstock.com/goodluz; **S.32** un. re.: Shutterstock.com/mimagephotography; **S.34**: Shutterstock.com/Air Images; **S.36–37**: mauritius images/Westend61; **S.38**: Shutterstock.com/Monkey Business Images; **S.44**: stock.adobe.com/Viktoriia; **S.50**: Shutterstock.com/eurobanks; **S.56**: picture alliance/Construction Photography/Photosh; **S.61**: Shutterstock.com/eurobanks; **S.67**: Shutterstock.com/Mangostar; **S.79** ob.: Shutterstock.com/Tom Prokop; **S.79** 2. v. ob.: Shutterstock.com/Monkey Business Images; **S.79** 3. v. ob.: stock.adobe.com/Cookie Studio; **S.79** 4. v. ob.: Shutterstock.com/Max Topchii; **S.79** un.: Shutterstock.com/susana valera; **S.81**: Shutterstock.com/ArdeaA; **S.83–84**: Shutterstock.com/ESB Professional; **S.84**: interfoto e.k./TV-Yesterday; **S.86** un. re.: mauritius images/Science Photo Library; **S.87**: stock.adobe.com/Thorben Wengert; **S.88**: Shutterstock.com/Rawpixel.com; **S.89** M2 ob.: Imago Stock & People GmbH/Michael Weber; **S.89** M2 un.: Panther Media GmbH/Steffen Scheideler; **S.90** un.: Shutterstock.com/NEGOVURA; **S.91** M3 li.: Shutterstock.com/Adam Hoglund; **S.91** M3 re.: stock.adobe.com/© Robert Kneschke; **S.91** M4: Imago Stock & People GmbH/Ralph Peters; **S.92** un. li.: stock.adobe.com/benjaminnolte; **S.92** un. re.: stock.adobe.com/bierwirm; **S.94**: stock.adobe.com/Pineapple studio; **S.95**: Shutterstock.com/fizkes; **S.98**: Imago Stock & People GmbH/Ina Peek; **S.99** li.: Shutterstock.com/panitanphoto; **S.99** re.: Attik Kargar; **S.102** re. un.: stock.adobe.com/baranq; **S.102** li. mi.: stock.adobe.com/Patryssia; **S.102** re.mi.: Shutterstock.com/Image Point Fr; **S.102** li. ob.: Shutterstock.com/Alexander Raths; **S.103** re. ob.: alamy stock photo/Panther Media GmbH; **S.103** re. un.: Shutterstock.com/Adam Hoglund; **S.108** M1: Shutterstock.com/goodluz; **S.109**: stock.adobe.com/Christin Klose; **S.118** M2: picture alliance/ZUMAPRESS.com; **S.120** re.: Gernot Budweiser; **S.120** li.: Roger Schmidt; **S.121** ob. re.: Heiko Sakurai

Auftragsillustrationen und Auftragsfotos:

Cornelsen/Erfurth Kluger Infografik GbR: S.26 M2; S.27 M4; S.28 M2; S.32 M1; S.42; S.85 M3; S.86 1. v. ob.; S.86 2. v. ob.; S.86 un. li.; S.90 ob.; S.96 M1; S.97; S.106 M1; S.108 M2; S.113; S.114; S.115; S.116; S.117 M3; S.117 M2; S.119 M4 li.; S.119 M4 re.; S.121 mi.; S.121 un.

Cornelsen/Natascha Welz: S.16; S.17; S.19; S.22 M1 ob.; S.22 M1 2. v. ob.; S.22 M1 3. v. ob.; S.22 M1 4. v. ob.; S.22 M1 un.; S.40 li. ob.; S.40 2. v. li. ob.; S.40 3. v. li. ob.; S.40 re. ob.; S.40 mi.; S.40 un.; S.41 ob.; S.41 mi.; S.41 un.; S.43; S.46; S.48; S.49; S.54 un. li.; S.54 un. mi.; S.54 un.re.; S.72; S.78; S.100; S.101; S.118 M1; S.130

Cornelsen/Peter Wirtz: S.4–5; S.8; S.53; S.54; S.55; S.57; S.62 M1 li.; S.62 M1 2. v. li.; S.68–69; S.104–105

Cornelsen/Hans Wunderlich: S.10 M1; S.12 M1; S.14 M1; S.131

Startklar!

Wirtschaft und Beruf

Der Band wurde erarbeitet von Kirsten Fricke, Teublitz; Ralf Kassirra, Tuntenhausen; Silke Schrauth, Bergrheinfeld; Stefanie Theiss, Schwanfeld

Beratung: Simone Fleischmann, Zorneding

Redaktion:	Jürgen Patner, Braunschweig; Dr. Uwe Andrae
Umschlaggestaltung:	Corinna Babylon, Berlin
Layout und technische Umsetzung:	SPi Global, Chennai
Illustration:	Natascha Welz, Berlin; Hans Wunderlich, Berlin
Kartenherstellung und Grafik:	Erfurth Kluger Infografik, Berlin

www.cornelsen.de

Soweit in diesem Buch Personen fotografisch abgebildet sind und ihnen von der Redaktion fiktive Namen, Berufe, Dialoge und Ähnliches zugeordnet oder diese Personen in bestimmte Kontexte gesetzt werden, dienen diese Zuordnungen und Darstellungen ausschließlich der Veranschaulichung und dem besseren Verständnis des Buchinhalts.
Das Lehrwerk enthält Fremdtexte, die aus didaktischen Gründen gekürzt wurden. Sie sind in den Quellenangaben mit * gekennzeichnet. Fremdtexte, die gekürzt und bearbeitet wurden, sind mit ** gekennzeichnet.

1. Auflage, 1. Druck 2021

Alle Drucke dieser Auflage sind inhaltlich unverändert und können im Unterricht nebeneinander verwendet werden.

Druck: Firmengruppe APPL, aprinta Druck, Wemding

ISBN 978-3-637-01882-2 (Schülerbuch)
ISBN 978-3-637-02090-0 (E-Book)

PEFC
PEFC/04-32-0928

PEFC zertifiziert
Dieses Produkt stammt aus nachhaltig bewirtschafteten Wäldern und kontrollierten Quellen.
www.pefc.de